Egbert Jahn

Frieden und Konflikt

Elemente der Politik

Herausgeber:

Hans-Georg Ehrhart
(Institut für Friedensforschung und Sicherheitspolitik
an der Universität Hamburg, IFSH)

Bernhard Frevel
(Fachhochschule für öffentliche Verwaltung NRW, Münster)

Klaus Schubert
(Institut für Politikwissenschaft, Westfälische Wilhelms-Universität Münster)

Suzanne S. Schüttemeyer
(Institut für Politikwissenschaft, Martin-Luther-Universität Halle-Wittenberg)

Die ELEMENTE DER POLITIK sind eine politikwissenschaftliche Lehrbuchreihe. Ausgewiesene Expertinnen und Experten informieren über wichtige Themen und Grundbegriffe der Politikwissenschaft und stellen sie auf knappem Raum fundiert und verständlich dar. Die einzelnen Titel der ELEMENTE dienen somit Studierenden und Lehrenden der Politikwissenschaft und benachbarter Fächer als Einführung und erste Orientierung zum Gebrauch in Seminaren und Vorlesungen, bieten aber auch politisch Interessierten einen soliden Überblick zum Thema.

Egbert Jahn

Frieden und Konflikt

VS VERLAG

Bibliografische Information der Deutschen Nationalbibliothek
Die Deutsche Nationalbibliothek verzeichnet diese Publikation in der Deutschen
Nationalbibliografie; detaillierte bibliografische Daten sind im Internet über
<http://dnb.d-nb.de> abrufbar.

1. Auflage 2012

Alle Rechte vorbehalten
© VS Verlag für Sozialwissenschaften | Springer Fachmedien Wiesbaden GmbH 2012

Lektorat: Frank Schindler | Verena Metzger

Der VS Verlag für Sozialwissenschaften ist eine Marke von Springer Fachmedien.
Springer Fachmedien ist Teil der Fachverlagsgruppe Springer Science+Business Media.
www.vs-verlag.de

Das Werk einschließlich aller seiner Teile ist urheberrechtlich geschützt. Jede Verwertung außerhalb der engen Grenzen des Urheberrechtsgesetzes ist ohne Zustimmung des Verlags unzulässig und strafbar. Das gilt insbesondere für Vervielfältigungen, Übersetzungen, Mikroverfilmungen und die Einspeicherung und Verarbeitung in elektronischen Systemen.

Die Wiedergabe von Gebrauchsnamen, Handelsnamen, Warenbezeichnungen usw. in diesem Werk berechtigt auch ohne besondere Kennzeichnung nicht zu der Annahme, dass solche Namen im Sinne der Warenzeichen- und Markenschutz-Gesetzgebung als frei zu betrachten wären und daher von jedermann benutzt werden dürften.

Umschlaggestaltung: KünkelLopka Medienentwicklung, Heidelberg

Gedruckt auf säurefreiem und chlorfrei gebleichtem Papier

ISBN 978-3-531-16490-8

Inhalt

Einleitung 7

1 Entstehung und Rolle der Friedens- und
 Konfliktforschung im Wissenschaftssystem 12
 1.1 Krieg und Frieden in den Fachdisziplinen 12
 1.2 Krieg und Frieden als Herausforderung an die
  Internationalen Beziehungen 17
 1.3 Friedens- und Konfliktforschung als reformierte
  Internationale Beziehungen oder als
  interdisziplinäre Forschungsrichtung 24
 1.4 Fachausbildung und Berufsfelder 27

2 Konflikt, Krieg, Gewalt, Massenmord als Gegenstände
 der Forschung 31
 2.1 Konstruktiver und destruktiver Konflikt 31
 2.2 Bewaffneter Konflikt und Krieg 32
 2.3 Physische Gewaltsamkeit und strukturelle
  Gewaltverhältnisse 36
 2.4 Politisch beabsichtigter Massenmord 39

3 Kooperation, zivile Konfliktbearbeitung, Frieden und
 Sicherheit als Gegenstände und Normen der Forschung 42
 3.1 Kooperation, Konfliktlösung und
  Konfliktregulierung 42
 3.2 Zivile und militärische Konfliktbearbeitung 45
 3.3 Frieden als Nichtkrieg („negativer Frieden") und
  Frieden als erstrebte Gesellschaftsordnung
  („positiver Frieden") 46
 3.4 Zum Verhältnis von Frieden und Sicherheit 47
 3.5 Zeiträumlich begrenzter und dauerhafter
  Weltfrieden 51

4	Geschichtliche Entwicklungsetappen des Krieges und des Friedens	54
4.1	Urfrieden oder Urkrieg	54
4.2	Staatenkriege und Bürgerkriege im Westfälischen System	60
4.3	Von der Utopie des Weltherrschaftsfriedens zum Friedensvölkerbund (Vereinte Nationen)	71
4.4	Die Entlegitimierung des Staatenkrieges	77
4.5	Weltkriege und die Gefahr eines Ost-West-Nuklearkrieges	80
4.6	Die Internationalisierung von Bürgerkriegen	87
4.7	Kleine Kriege und politischer Terror	92
5	Ausgewählte Forschungsfelder der Friedens- und Konfliktforschung	95
5.1	Kriegs- und Friedensursachen	95
5.2	Friedenssicherung durch die Vereinten Nationen und regionale internationale Organisationen	99
5.3	Rüstungsdynamik, Rüstungskontrolle, Abrüstung	103
5.4	Friedensvölkerrecht und Weltordnungspolitik	108
5.5	Ethnonationale Konflikte	112
5.6	Aggression als individuelles und kollektives Verhalten	119
5.7	Friedenserziehung	121
5.8	Friedensbewegung und Nichtregierungsorganisationen	125
6	Literatur	131
7	Ausgewählte kommentierte Literatur-empfehlungen	142
8	Zeitschriften und Jahrbücher	145
9	Internetadressen	146

Einleitung

Diese Einführung in die Friedens- und Konfliktforschung bietet einen knappen Überblick über zentrale Themen, Fragestellungen und Forschungserkenntnisse aus der interdisziplinären Forschung zu Konflikt, Krieg, Gewalt und Frieden und vielen ihrer einzelnen Forschungsfelder. Sie kann sicherlich das weite Feld ihrer Erkenntnisse, Methoden und Theorien aus fast allen traditionellen sozial- und geisteswissenschaftlichen und vielen mathematisch-naturwissenschaftlichen Fachdisziplinen nur ansatzweise aufgreifen und muss manche sogar gänzlich aussparen, etwa aus der Theologie, der Physik oder Informatik. Insbesondere Politikwissenschaftler und unter ihnen vor allem Vertreter der Fachdisziplin Internationale Beziehungen, Völkerrechtler, Historiker, Soziologen, Psychologen, Erziehungswissenschaftler, Ethologen, Philosophen, Theologen, Mathematiker, Militärwissenschaftler, Ethnologen, Archäologen und viele andere tragen zur Friedens- und Konfliktforschung bei.

In weitgehender Übereinstimmung ist Friedens- und Konfliktforschung keine eigenständige Wissenschaft mit einem genau bestimmbaren Gegenstand und einem ausgewählten Spektrum von Methoden und Theorien, sondern ein interdisziplinärer Forschungskomplex mit einem sehr breiten Spektrum von Methoden und Theorien aus sehr vielen Wissenschaften, der sich auf einen bestimmten Forschungsgegenstand konzentriert: Konflikte mit besonderem Augenmerk auf gewaltträchtige, gewaltsame Konflikte und Krieg sowie Ansätze und Bedingungen des Friedens.

Der Autor ist als ausgebildeter Politikwissenschaftler, Historiker und Geograph, der sich in seinem Studium auch mit Pädagogik, Philosophie, Soziologie, Ethnologie und Psychologie befassen durfte, seit vierzig Jahren in der Forschung und der politikwissenschaftlichen Lehre über Konflikt, Krieg, Kooperation und Frieden tätig, zunächst über zwanzig Jahre lang an der Hessischen Stiftung Friedens- und Konfliktforschung und an der Goethe-Universität in Frankfurt am Main, dann fast zwanzig Jahre lang als Leiter des Forschungsschwerpunktes Konflikt- und Kooperationsstrukturen und Inhaber des Lehrstuhls für Politische Wissenschaft und Zeitgeschichte. Er bevorzugte dabei stets einen soziohistorischen Denkansatz. Darunter ist die systematische, theoretisch fundierte Analyse gesellschaftlicher und politischer Strukturen zu verstehen, die in ihren historischen Voraussetzungen, ihrem Wandel und in ihren wahrscheinlichen und möglichen Folgen zu begreifen sind.

Dementsprechend ist auch diese Einführung aufgebaut. Im ersten Kapitel wird die Friedens- und Konfliktforschung in der Systematik und Geschichte der Wissenschaften und ihrer gesellschaftlichen und beruflichen Funktion verortet.

Im zweiten Kapitel werden vier zentrale analytische Begriffe: Konflikt, Krieg, Gewalt und Massenmord mit einigen ihrer verbreiteten und historisch gewandelten Bedeutungen und Ausdifferenzierungen erörtert. Ursprüngliches Motiv der Friedens- und Konfliktforschung war es, die Ursachen des zwischenstaatlichen Krieges zu erforschen, um Möglichkeiten zu seiner Verhütung zu ergründen. Dementsprechend nannte man die Forschung in einigen Ländern wie Niederlande und Frankreich auch Polemologie (*polemos* = griech. für Krieg, Konflikt). Die kritische Sicht auf die bestehenden Strukturen der internationalen Gesellschaft und insbesondere auf die Abhängigkeits- und Herrschaftsverhältnisse in den Nord-Süd-Beziehungen erweiterten den Blick auch auf die Bürgerkriege. Indem man den Krieg als eine besondere Konfliktform unter anderen begriff, gerieten auch nichtkriegerische Konflikte und Krisen und ihre mögliche Eskalation zu Kriegen ins Blickfeld der Forschung. Gleichzeitig wurden nicht gewaltsame, gemäßigte Konflikte als unverzichtbarer Antrieb für die gesellschaftliche Entwicklung und den politischen Fortschritt gewürdigt. Aber nicht jeder gewaltsame Konflikt lässt sich sinnvoll als Krieg bezeichnen, so dass das Studium der Gewaltformen in den Fokus der Friedens- und Konfliktforschung geriet.

Lange Zeit kümmerte sich die Friedens- und Konfliktforschung seltsamerweise nicht in eigenen Untersuchungen um Massen- und Völkermorde als eine spezifische Form der nichtkriegerischen tödlichen Gewalt, vielleicht weil man das Thema mit dem historischen Ende des Nationalsozialismus und des Stalinismus für abgeschlossen hielt. Erst die Völkermorde in Ruanda und im ehemaligen Jugoslawien in den 1990er Jahren gaben den Anlass, dieses Thema auch im Rahmen der Friedens- und Konfliktforschung zu thematisieren.

Als infolge des Vietnamkrieges und der Ost-West-Entspannung zunehmend der Nord-Süd-Konflikt und die Entwicklungsländerproblematik in das öffentliche Bewusstsein des Westens gerieten, rückten damit auch nicht durch Krieg und physische Gewalt verursachte Formen des massenhaften Todes und Leidens durch Hunger, Epidemien und des Mangels an Gesundheits- und Bildungseinrichtungen ins Blickfeld. Sie wurden von einigen Friedens- und Konfliktforschern in Anlehnung an viele vorausgehende gesellschaftskritische Studien als historisch vermeidbares, in gesellschaftlichen Strukturen verwurzeltes Elend angesehen. Der norwegische Friedensforscher Johan Galtung nannte dies in einem wegweisenden Aufsatz im Jahre 1969 „strukturelle Gewalt" und setzte damit eine Ausdehnung des Gewalt- und Friedensbegriffs in Gang, die von großen Teilen der Forscher übernommen, von anderen hingegen als eine nicht sinnvolle Überdehnung dieser beiden Begriffe angesehen wurde. Bis heute bleiben die zentralen Begriffe der Friedens- und Konfliktforschung umstritten. Die Studierenden sollten sich der kontroversen Bedeutungen der Begriffe und ihrer Implikationen für die Wissenschaft und Gesellschaft bewusst werden, um sie verantwortungsvoll in ihrem Umfeld benutzen und Missverständnisse im jeweiligen Diskurs vermeiden zu können.

Im dritten Kapitel kommen zentrale Begriffe zur Sprache, die nicht nur eine analytische, sondern auch eine normative Bedeutung haben, denn Friedens- und Konfliktforschung erhebt den Anspruch, durch ihre wissenschaftliche Erkenntnisse einen Beitrag zur Erreichung der als politisch erstrebenswert erachteten Ziele Kooperation und zivile Konfliktbearbeitung und damit ganz allgemein Frieden und Sicherheit beizutragen. Mancher Leser wird vermissen, dass hier nicht auch andere Werte und Ziele vieler Friedens- und Konfliktforscher näher erörtert werden, etwa Gerechtigkeit, Freiheit, Demokratie, Geschlechtergleichberechtigung, Entwicklung, Umweltschutz und manche andere mehr in Verbindung mit den

Begriffen Frieden und Sicherheit. Dies war jedoch angesichts der gebotenen Kürze dieser Einführung nicht möglich, ohne es bei einer bloßen stichwortartigen Erwähnung zu belassen. Stattdessen wurde auf eine systematisch zusammenhängende, in sich konsistente Begrifflichkeit Wert gelegt. Sie kann nicht beanspruchen, allgemeingültige Erkenntnisse in der Friedens- und Konfliktforschung wiederzugeben, da es diese gar nicht gibt und auch nicht geben kann, sowohl wegen unterschiedlicher normativer und politischer Vorstellungen, als auch wegen kontroverser empirischer Befunde und methodischer und theoretischer Vorgehensweisen. Deshalb wird hier und da auf abweichende Auffassungen verwiesen, obwohl keine vollständige Erwähnung und ausführliche Diskussion der zahlreichen differierenden Ansichten möglich ist, die es in jedem Teilbereich der Friedens- und Konfliktforschung gibt.

Im vierten Kapitel wird eine kurze Übersicht über die Geschichte des Krieges als gesellschaftlicher Form der zwischenmenschlichen Auseinandersetzung und auch des Friedens als gesellschaftspolitischer Situation gegeben. Frieden hat bisher immer wieder als befristete Realität existiert, aber auch nur als bloße Idee von einem andauernden Zustand einer zukünftigen Welt. Beides, reale Friedenszustände und in manchen gesellschaftlichen Kreisen verfochtene Friedensideen gilt es zu erörtern und zu fragen, ob sich empirisch ein historischer Fortschritt zu einem dauerhaften Weltfrieden feststellen lässt oder ob Frieden stets nur eine vorübergehende Zwischenkriegszeit sein kann.

Im fünften Kapitel werden schließlich acht ausgewählte Felder der Friedens- und Konfliktforschung zur Sprache gebracht, die seit längerer Zeit eine prominente Rolle im den Forschungsprogrammen der Institute und Professuren spielen. Sie ließen sich problemlos um zahlreiche weitere Felder erweitern, z. B. Entwicklungsländer und Entwicklungspolitik, Geschlechterverhältnisse, militärische und zivile Erschließung des Weltraums, Wasser- und Klimapolitik, andere Umweltfragen, Migrationen.

Das Literaturverzeichnis und die wenigen ausgewählten Literaturempfehlungen mögen den Einstieg in weiterführende Studien erleichtern. Sie können keine umfassende Bibliographie ersetzen.

Die Friedens- und Konfliktforscher betonen zwar immer wieder die Interdisziplinarität ihrer Forschung, haben sich aber faktisch immer mehr auf wenige Einzelthemen, einige ausgewählte Konflikte, Länder und Regionen spezialisieren müssen, teils innerhalb ihrer jeweiligen Fachdisziplin als Politologen, Juristen, Psychologen usw., teils in der Aneignung des Spezialwissens in einigen Nachbardisziplinen zum ausgewählten, engen Forschungsthema. Die fachliche und thematische Spezialisierung ist unvermeidlich, um neue wissenschaftliche Erkenntnisse zu erarbeiten und um Schritt zu halten mit den wissenschaftlichen Standards der bewährten herkömmlichen und auch der neu entstehenden Wissenschaftsdisziplinen. Dennoch ist immer wieder auch die Synthese der Erkenntnisse zur Weiterentwicklung allgemeiner friedenspolitischer und friedensaktivistischer Initiativen erforderlich, die ihr Tun in den Kontext des historischen Prozesses zu einer möglichen, umfassenden und dauerhaften global-humanen Friedensordnung bringen wollen.

In diesem Sinne möchte die vorliegende Einführung einerseits zum vertiefenden Studium und zur Orientierung in der Friedens- und Konfliktforschung beitragen. Sie will aber auch Nichtwissenschaftler ermutigen, sich mit den Erkenntnissen dieses Forschungszweiges auseinanderzusetzen.

Für Kritik und Anregungen für den Fall einer Neuauflage dieses kleinen Lehrbuchs wäre ich dankbar. Der Autor ist erreichbar unter egbert.jahn@mzes.uni-mannheim.de oder unter e.jahn@soz.uni-frankfurt.de.

1 Entstehung und Rolle der Friedens- und Konfliktforschung im Wissenschaftssystem

Friedens- und Konfliktforschung hat sich in vielen Ländern seit den 1950er Jahren als eine eigenständige interdisziplinäre Forschungsrichtung mit eigenen wissenschaftlichen Kommunikationseinrichtungen wie universitären und außeruniversitären Instituten, Zeitschriften, Fachverbänden und regelmäßigen Konferenzen etabliert (Wasmuht 1998). Sie ist allerdings nach überwiegender Auffassung keine eigenständige Wissenschaftsdisziplin, die durch einen bestimmten, nur ihr eigentümlichen Gegenstand und bestimmte Forschungsmethoden gekennzeichnet ist. Forschung über Frieden und Konflikt wird vielmehr in zahlreichen, vor allem sozialwissenschaftlichen Disziplinen betrieben.

1.1 Krieg und Frieden in den Fachdisziplinen

Krieg und Frieden sind seit Beginn der Geschichte der menschlichen Schriftkulturen und schon zuvor in den Zeiten der mündlichen Überlieferungen herausragende Themen des menschlichen Denkens, in Erzählungen und Berichten, in den heiligen Schriften der Religionen und schließlich auch in den Wissenschaften. Der Beginn der Geschichtswissenschaft in Kleinasien und Europa resultiert aus der systematischen geistigen Auseinandersetzung Herodots (ca. 490-424 v. Chr.) und Thukydides' (ca. 460-396 v. Chr.) mit den Kriegen zwischen Griechen und Persern 499-478 v. Chr. und dem Peleponnesischen Krieg zwischen den griechischen Stadtstaaten in den Jahren 431-404 v. Chr. Herodot stellte sich zu Beginn seiner *Historiai* vor allem die Frage, aus welchem Grund Perser und Griechen miteinander Krieg geführt haben, Thukydides unterschied zwischen den kurz- und langfristigen Ursachen des Krieges, erörterte die Relevanz der Verschiebung von zwischenstaatlichen Kräfteverhältnissen und ging auch schon der Frage zum Zusammenhang von demokratischer und aristokratischer gesellschaftspolitischer Ordnung und Krieg nach (Krell 2009: 134).

Auch in der Philosophie und später in der Theologie wurden Krieg und Frieden zentrale Themen. Vor allem die Theorie des gerechten Krieges (Steinweg 1980; Kelsay/Johnson 1981) versuchte im Laufe der Jahrhunderte immer wieder die legitimen Kriegsgründe zu begrenzen. Erasmus von Rotterdam (1465-1536), Émeric Crucé (ca. 1590-1648), Thomas Hobbes (1588-1679), Jean-Jacques Rousseau (1712-1778) und insbesondere Immanuel Kant (1724-1804) haben wichtige Impulse für die Erklärung von Kriegen und die Entwicklung von Friedensentwürfen gegeben. In der Neuzeit boten große Kriege hin und wieder Anlass, eine gründlichere wissenschaftliche Auseinandersetzung mit Krieg und Frieden anzustoßen. Die Völkerrechtswissenschaft erhielt im Dreißigjährigen Krieg durch Hugo Grotius' Werk *De jure belli ac pacis* („Über das Recht des Krieges und des Friedens") aus dem Jahre 1625 bleibende Anstöße. Seither galt über Jahrhunderte hinweg die Völkerrechtswissenschaft als die Hauptdisziplin in den wissenschaftlichen Bemühungen um eine politische und rechtliche Hegung, d. h. Begrenzung des Krieges (Delbrück 1984; Czempiel 1998: 85-108). Hin und wieder haben aber auch Militärtheoretiker wie insbesondere Carl von Clausewitz (1780-1831) das Wissen um Krieg und Politik, damit auch über die Bedingungen des Friedens, beträchtlich erweitert. Im Vordergrund der Aufmerksamkeit stand dabei der Staatenkrieg, noch nicht der Bürgerkrieg (Aufstand, Unruhen, Revolten, Revolutionen), der allerdings stets ein Gegenstand der Geschichtswissenschaft blieb.[1]

Aus der Philosophie entstanden vor allem seit dem 19. Jahrhundert durch wissenschaftliche Spezialisierung zahlreiche Einzelwissenschaften, darunter die Soziologie und die Politikwissenschaft. Schließlich gab der Erste Weltkrieg den entscheidenden Anstoß zur Begründung der politikwissenschaftlichen Teildisziplin der Internationalen Beziehungen, deren vornehmliches Ziel die

---

[1] Einen umfassenden Einblick in die historischen Denkansätze zu Krieg und Frieden bis 1830 bietet die eingehend kommentierte Bibliographie von Stephan Nitz (2010).

Festigung einer neuen, dauerhaften Friedensordnung auf der Grundlage des Völkerrechts und eines Zusammenschlusses der friedliebenden und neutralen Staaten im Völkerbund war (Czempiel in: Knapp/Krell 2004: 3). Ein solcher war schon seit mehreren Jahrhunderten von einzelnen Philosophen und politischen Denkern wie William Penn, Jean-Jacques Rousseau und Immanuel Kant gefordert worden und kam 1920 schließlich zustande (Raumer 1953: 321-378). Das vorherrschende Denken in den Internationalen Beziehungen wurde durch die Zuversicht in den weiteren Ausbau des Völkerbundes und der internationalen Kooperation sowie die Stärkung des Völkerrechts getragen. Das wurde später als „politischer Idealismus" bezeichnet. Oftmals wurde die wissenschaftliche Arbeit in den Institutionen der Wissenschaft von den internationalen Beziehungen aber auch durch die Bedürfnisse der jeweiligen nationalstaatlichen Außenpolitik geprägt.

Der Zusammenbruch des Völkerbundes in den 1930er Jahren und der Zweite Weltkrieg führten weithin zur Abkehr vom „politischen Idealismus" und nunmehr zur Vorherrschaft einer neuen Theorie des „politischen Realismus" (Herz 1959; Jacobs in: Schieder/Spindler 2006: 35-60).

Außer den genannten Wissenschaften befassen sich auch andere Wissenschaftsdisziplinen mit spezifischen Aspekten von Krieg, Konflikt und Frieden, wobei oftmals auch die innerstaatlichen Konflikte und Gewaltverhältnisse thematisiert werden. Allgemeine Konflikttheorien, in denen internationale Konflikte meist nur eine Nebenrolle spielen, wurden vornehmlich in der Soziologie entwickelt (Dahrendorf 1961; Coser 1963; Bonacker 1996). Hier war der Friedensbegriff lange Zeit von Vorstellungen einer konfliktfreien, tendenziell rein kooperativen, harmonischen Gesellschaft bestimmt, ehe in den 1960er Jahren eine Soziologie aufkam, die Konflikt als ein erwünschtes Charakteristikum moderner, liberaler und demokratischer Gesellschaften begriff, das die dynamische Entwicklung der Gesellschaft und den Fortschritt ermögliche. Voraussetzung dieser Umwertung war die Unterscheidung zwischen konstruktiven, gemäßigten Konflikten und destruktiven, Massen vernichtenden Konflikten wie Kriegen.

In der Psychologie und Sozialpsychologie näherte man sich der Friedens-, Konflikt- und Kriegsthematik vor allem über zahlreiche Varianten der Aggressionstheorie an. Manche Aggressionstheoretiker gingen von einem unwandelbaren menschlichen Aggressionstrieb (Konrad Lorenz) oder gar Todestrieb (Sigmund Freud) aus. Lorenz meinte jedoch, der Aggressionstrieb könne allerdings in relativ friedliche Bahnen kanalisiert und dort ausgelebt werden, Freud sah eine Möglichkeit der Sublimierung des Todestriebes. Lerntheorien behaupteten hingegen, dass aggressives Verhalten von Menschen gelernt werde. Die Frustrations-Aggressions-Theorie (John Dollard u.a.) ging ursprünglich davon aus, dass jede Versagung von Wünschen die Aggressionsneigung erhöhe, später wurde sie abgeschwächt auf bestimmte Situationen, die die Aggressivität erhöhen können.

Empirische Studien befassen sich sowohl mit Fragen der Gewaltanwendung im Alltag oder in außergewöhnlichen Situationen von einzelnen Menschen, auch von Politikern in verantwortlichen Regierungspositionen, als auch mit Fragen der Stimulierung kollektiver, z. B. nationaler Gewalttätigkeit.

In den modernen Wirtschaftswissenschaften ist die Beschäftigung mit Krieg und Frieden eher selten, außer in dem Randgebiet der Politischen Ökonomie. Eine beschränkte Aufmerksamkeit widmet sich der Rüstungsökonomie. Die Konversionsforschung befasst sich mit den Möglichkeiten der Umstellung von Rüstungswirtschaft auf zivile Wirtschaft, um soziale Interessen an anhaltender Rüstung und Widerstände gegen an sich politisch möglich werdender Abrüstung abzubauen.

Ein traditionell starker Zweig des Friedensdenkens ist die Friedenspädagogik. Sie erforscht die Entstehung von und die Erziehung zur Kriegsbereitschaft im frühkindlichen oder jugendlichen Lebensalter und dementsprechend auch von kindlichen und jugendlichen Einstellungen und Verhaltensweisen, die die Friedensfähigkeit begünstigen. Auch die Erwachsenen- und die politische Bildung bemüht sich in einigen Ländern um die Friedenserziehung.

Einige Theologen setzen sich kritisch mit der verbreiteten Legitimation von Kriegen und von Kriegsbereitschaft in religiösen Lehren auseinander und suchen die Friedensbotschaft, die in allen großen heiligen Schriften enthalten sind, herauszuarbeiten und zu stärken, um einerseits religiös motivierte Friedensarbeit zu ermuntern, anderseits den interkonfessionellen und interreligiösen Dialog zu gemeinsamen Friedensanstrengungen in einzelnen gewaltsamen Konflikten oder auch in der Weltgesellschaftspolitik zu fördern.

Die Ethnologie hat wichtige Beiträge zum Ursprung des Krieges in ursprünglichen Gesellschaften und zur Organisation und Sozialisation in friedfertigen Gesellschaften geleistet.

Sprachwissenschaftler haben sich mit der Veränderung von Sprache in Zeiten der Kriegsvorbereitung und während eines Krieges befasst. Und Literaturwissenschaftler haben sich wie auch Musikwissenschaftler systematisch mit dem Ausdruck sowohl von Kriegsbejahung und Kriegsbegeisterung als auch von Friedenssehnsucht und Friedensfreude auseinandergesetzt.

Oft wird der Beitrag der Naturwissenschaften zur Erforschung von Krieg und Frieden übersehen. Von politisch-ethischen Appellen und Denkschriften abgesehen besteht die wissenschaftliche Hauptleistung von Naturwissenschaftlern in der Erforschung von Kriegs- und schwerwiegenden Konfliktursachen aufgrund neuer naturwissenschaftlicher oder technischer Erkenntnisse und Möglichkeiten oder infolge von menschlichen Eingriffen in die Natur, die voraussichtlich gravierende soziale und politische Konflikte hervorrufen werden. Biologische und demographische Kriegsursachenlehren tauchen zwar hin und wieder in der Literatur auf, können auch in Krisensituationen eine gewisse Popularität erlangen, finden aber längerfristig wenig Resonanz in der Wissenschaft. Wichtige Beiträge zu Einzelfragen der Geschichte von Krieg und Frieden leisten jedoch die Ethologie und die Evolutionsbiologie wie auch die Archäologie und die Paläontologie.

Von Mathematikern stammen wichtige Beiträge zur Analyse von Kriegen, etwa zur Wahrscheinlichkeit von kriegerischen Beziehungen zwischen politischen Einheiten. Die Spieltheorie hat nicht nur in den allgemeinen Sozialwissenschaften, sondern auch in der Erforschung von Kooperationsoptionen in der Politik Bedeutung erlangt. Insgesamt gibt es wohl nur wenige Wissenschaften, in denen es überhaupt keine Bemühungen um das Verständnis von

Krieg und Frieden gibt oder geben könnte. Aber sicherlich bleibt die intensive Beschäftigung mit Krieg, Konflikt und Frieden ein zentraler Gegenstand in einigen Wissenschaftsdisziplinen, so vor allem der Politikwissenschaft und der Internationalen Beziehungen, der Völkerrechts- und der Geschichtswissenschaft, der Soziologie, Psychologie und Pädagogik sowie auch der Militärwissenschaft.

1.2 Krieg und Frieden als Herausforderung an die Internationalen Beziehungen

Die Internationalen Beziehungen, d. h. die Wissenschaft von den internationalen Beziehungen als den Beziehungen zwischen den Staaten (internationale Politik) und den staatlich verfassten Gesellschaften (transnationale Beziehungen), die meist als ein Teilgebiet der Politikwissenschaft, seltener auch als eigenständige Wissenschaft begriffen wird, ist zweifellos die Hauptdisziplin unter den Wissenschaften, die sich mit Frieden und Krieg als gewaltsamer Konfliktform befassen. Ursprünglich gab das Bestreben, nach dem Zivilisationsschock des Ersten Weltkrieges mit seinen rund zehn Millionen Toten einen wissenschaftlichen Beitrag zur Stabilisierung der Nachkriegsordnung und zur Verhütung eines neuerlichen Weltkriegs zu leisten, den Anstoß zur Gründung von Forschungsinstituten für internationale Beziehungen in London, Paris, Washington (Czempiel in: Knapp/Krell 2004: 3), dann auch in Berlin, Genf und Moskau, schließlich auch von Lehrstühlen an US-amerikanischen Universitäten (Meyers 1981: 41).

Bald rückte jedoch in den Forschungseinrichtungen das universalistische Motiv der Weltfriedenssicherung in den Hintergrund und das nationale Interesse in den Vordergrund, der Außenpolitik des eigenen Landes wissenschaftliche Hilfestellung zu verleihen. Nach mit der Konsolidierung der Sowjetmacht im Osten und später mit der Etablierung faschistischer bzw. antidemokratischer Regime in Italien, Deutschland und Japan spalteten tief greifende gesellschaftspolitische Differenzen das Staatensystem, dem nunmehr kein gemeinsames Völkerrechtsverständnis zugrunde lag, auch kein Konsens zugunsten eines weltumspannenden Völkerbundes als Friedensbund. Die Union der Sozialistischen Sowjetrepubliken begriff sich anfangs als tendenziell universale Gegenorganisation zum Völkerbund der kapitalistischen Staaten (Jahn 2004a: 257) aufgrund eines neuen, sozialistischen Völkerrechts und trat dann nach dem Scheitern der Weltrevolution nur aus taktischen Gründen in den Völkerbund ein, wurde aber nach dem Überfall auf Finnland im Jahre 1939 wieder aus ihm ausgeschlossen. Das faschistische Italien, das nationalsozialistische Deutschland und das militaristische Japan, die sich schließlich in einem Bündnis der Mittelmächte gegen die Großmächte des Westens und des Ostens vereinigten, wollten sich nicht in ihrer Expansionspolitik einschränken lassen und verließen bereits 1933 bzw. 1937 den Völkerbund. Der Beitritt und der Austritt weiterer Staaten im Laufe der 1920er und 1930er Jahre bewirkten eine hohe Fluktuation der Mitgliedschaft im Völkerbund. Auch die außenpolitischen Differenzen zwischen Großbritannien, Frankreich und den USA erwiesen sich in der Zwischenkriegszeit als gravierend, so dass unter diesen Bedingungen in den Großmächten keine von gemeinsamen Wertvorstellungen und theoretischen Denkansätzen getragene Wissenschaft von den Internationalen Beziehungen entstehen konnte. Sie entwickelte mehr und mehr nur noch Legitimationstheorien für die jeweilige nationale Außenpolitik. Nur wenige kritische Geister in den liberalen Demokratien hielten an dem ursprünglichen universalistischen Denkansatz aus der Zeit nach dem Ersten Weltkrieg fest.

Dennoch blieb die Teildisziplin der Internationalen Beziehungen der Hauptort im Wissenschaftssystem, an dem die Analyse der Kriege ermöglichenden internationalen Gesellschaft und die Entwicklung von Weltfriedenskonzepten betrieben wurden. Allerdings entstanden auch weiterhin in der Völkerrechtswissenschaft und in anderen Wissenschaften substantielle Beiträge zum Verständnis von Krieg und Frieden. Galten Krieg und Frieden noch vor 1914 als zwei unterschiedliche Rechtszustände, für die sich die Politiker souveräner Staaten im Prinzip frei entscheiden konnten, so wurde nunmehr Frieden vorrangig als eine politische Gestaltungsaufgabe in einer veränderbaren Weltordnung angesehen. Es ging nicht mehr bloß um die Analyse und Verwirklichung bestehenden Völkerrechts zur Stabilisierung historisch entstandener Realitäten, sondern auch um die Weiterentwicklung des Völkerrechts zur Stärkung des Friedens zwischen den Staaten. Auch wenn in zahlreichen Lebensbereichen ein Beitrag zum Frieden und zur dauerhaften Verhütung von Krieg möglich schien, gilt seit dem Ersten Weltkrieg dennoch Frieden in erster Linie als eine neue Weltordnung, die durch friedliche internationale Machtverhältnisse gekennzeichnet ist und als weltweite Herrschaftsordnung stabilisiert werden muss. Politik war nicht mehr nur Vollzugsorgan von Recht und gelegentlichen Rechtsbrüchen, sondern internationale Politik sollte bewusst auch neues Recht schaffen, vor allem aber auch solche politischen Verhältnisse, die sich durch neues Recht erfolgreich als Friedensordnung stabilisieren lassen. Damit würde tendenziell die äußere staatliche Souveränität mit einer freien Wahl zwischen Krieg und Frieden zur Durchsetzung nationaler Interessen überwunden. Insofern ist seit dem Ende des Ersten Weltkrieges Friedenswissenschaft vorrangig, wenn auch keineswegs ausschließlich, eine Wissenschaft von der Politik.

Mit dem Sieg der alliierten Mächte des Westens und der Sowjetunion im Jahre 1945 entstand aus dem Kriegsbündnis erstmals in der Geschichte eine gemeinsame internationale Organisation, die Vereinten Nationen, die sich schrittweise trotz aller Krisen in den internationalen Beziehungen bis zum Jahre 2002 zur universalen Organisation sämtlicher international anerkannten Staaten entwickelte. Dies ermöglichte erstmals die grundsätzliche Anerkennung weltweiter, also nicht länger auf die westliche Welt beschränkter, völkerrechtlicher, menschenrechtlicher und politischer Normen, auch wenn diese Normen oftmals in der Praxis verletzt wurden und werden. Anders als in der Völkerbundzeit strebten nun alle Großmächte nicht mehr nach einer territorialen Expansion. Keine Großmacht und auch kein anderer Staat verließ mehr dauerhaft die neue universale Staatenorganisation. Beide Faktoren trugen erheblich zur Vermeidung eines Dritten Weltkrieges in den schweren internationalen Krisen der zweiten Hälfte des 20. Jahrhunderts bei. Dennoch kam es zu keiner Dominanz des „politischen Idealismus" in seinen reformierten Varianten im Denken über Krieg und Frieden. Sowohl die Erfahrung mit dem Scheitern des Völkerbundes als auch mit der Notwendigkeit des militärischen Widerstandes gegen die Expansion der drei großen Mittelmächte und ihrer kleineren Bündnispartner, außerdem der bereits in der Endphase des Zweiten Weltkrieges sich anbahnende Ost-West-Konflikt begünstigten die Vorherrschaft des „politischen Realismus" in der Wissenschaft von den internationalen Beziehungen in der westlichen Welt. Hans J. Morgenthau wurde mit seinem Werk „Politics among Nations" (1948), deutsch: „Macht und Frieden" (1963), zum maßgeblichen Theoretiker des neuen Denkens in den Internationalen Beziehungen, das sich bereits in den 1930er Jahren, etwa bei Edward Hallett Carr, angebahnt hatte.

Die Schule des politischen Realismus baut auf der anthropologischen These vom wesensmäßigen Machtstreben des Menschen und des Staates auf, das Frieden sich nur als Folge eines zeitweiligen Gleichgewichts staatlicher Mächte und Interessen in dem bestehenden anarchischen Staatensystem, das keine Weltregierung mit dem Monopol der physischen Gewaltsamkeit besitzt, vorstellen kann. Morgenthau stellte den „im Sinne von Macht verstandenen Begriff des Interesses" (1963: 50) ins Zentrum seines Verständnisses von internationaler Politik und wollte Frieden durch die Erneuerung der Diplomatie herstellen, die die Aufgabe habe, einen Interessenausgleich der Staaten in einem Gleichgewicht der Mächte zu gewährleisten, da es auf unabsehbare Zeit keinerlei Voraussetzungen für die Schaffung einer Weltgemeinschaft und eines Weltstaates gäbe (Morgenthau 1963: 479). Nur bedachtsame politische und militärische Eindämmungs- und Abschreckungspolitik könne imperialistischer Angriffs- und Eroberungspolitik wirksamen Widerstand entgegensetzen (ebenda: 106). Nach Morgenthau versuchten manche Theoretiker eine Synthese im „realistischen Liberalismus" aus den Denkweisen des Idealismus und Realismus (Herz 1959).

Da Idealismus weithin mit Welt- und Wirklichkeitsfremdheit verknüpft wurde, zogen es die Nachfolger der idealistischen Schule vor, ihren in zwei Richtungen reformierten Denkansätzen neue Namen zu geben: „Institutionalismus" (Krell 2009: 233-261) bzw. des „Neo-Institutionalismus" (Rittberger 1990: 34) und „Liberalismus" oder „Neoliberalismus" (Kegley 1995: 83-106, 335-355). Unter

Liberalismus bzw. Neoliberalismus versteht man in den Internationalen Beziehungen (IB) eine Denkweise, die das Handeln der Staaten in der Weltpolitik auf in der Gesellschaft entstehende Präferenzen, also Ziele, Interessen und Mittelbestimmungen zurückführen (Krell 2009: 184). Unter Institutionen versteht man nicht nur formelle Organisationen und Verträge, sondern auch verfestigte Gewohnheiten, Regeln und Normen, die man auch Regime in den IB nennt (im deutlichen Unterschied zu Regime als abschätzige Bezeichnung für Regierungssystem oder Herrschaftsclique). Die verschiedenen Richtungen des Institutionalismus und Neo-Institutionalismus sehen Möglichkeiten der dauerhaft und recht stabil verregelten und verrechtlichten Kooperation unter den Staaten (Krell 2009: 255).

Die gründlichen Reformer der realistischen Schule verlagerten in derselben Zeit im Neorealismus (Waltz 1979) die Analyse vom Machtstreben der Staaten auf die Konkurrenzstruktur des internationalen Systems und auf ihre Verhaltensprägungen auf die Staaten. In den folgenden Jahrzehnten sollten sich diese Denkschulen in immer weiter ausdifferenzierte theoretische Varianten und Zweige aufspalten (Schieder/Spindler 2006: 13, Krell 2009: 35). Dennoch bleiben die beiden ursprünglichen Grundrichtungen erhalten. Die eine hält an der Möglichkeit eines enger ökonomisch vernetzten und politisch-rechtlich-institutionell verknüpften und sich weltweit vergesellschaftenden Staatensystems fest, das tendenziell den Krieg als Konfliktaustragungsform überwindet sowie substantielle Abrüstungsmaßnahmen ermöglicht, die andere geht davon aus, dass internationale Kooperation und Organisation Ausdruck staatlicher Interessen und Machtpolitik bleibt und begrenzte Kriege, wechselseitige militärische Abschreckung und Rüstungswettbewerb auf unabsehbare Zeit ein Kennzeichen der internationalen Politik bleiben werden.

Aus dem Zweiten Weltkrieg ging nicht nur die Sowjetunion als erstarkende zweite Weltmacht hervor, sondern zahlreiche neue, durch kommunistische Parteien monopolistisch beherrschte Regime. In diesen zunächst 15, dann bald nach der kubanischen Revolution von 1959 schließlich 16 Staaten lebte immerhin ein Drittel der Menschheit. Die marxistisch-leninistische Partei- und Staatsideologie des „internationalen Klassenkampfes" (vgl. Jahn 1986) war im Grunde eine eigenständige Variante des „politischen Realismus", indem sie innerhalb der bestehenden Weltordnung zweier antagonistischer, d. h. unvereinbarer und gegensätzlicher Gesellschafts- und Staatenordnungen, des „(imperialistischen) Kapitalismus" und des „friedliebenden Sozialismus" keinen dauerhaften Frieden für möglich hielt. Im Unterschied zu dem im Prinzip statischen Politik und Geschichtsverständnis des westlichen „politischen Realismus" unterstellte das marxistisch-leninistische Denken in seinen verschiedenen nationalen und parteipolitischen Varianten eine weitgehend determinierte Geschichtsdynamik des revolutionären Übergangs auch der restlichen zwei Drittel der Menschheit zur konföderativen und schließlich föderativen weltkommunistischen Gesellschafts- und Staatenordnung und schließlich gar zur staatslosen Weltgesellschaft. Auf dem langen Weg dorthin sollten jedoch das bereits etablierte sozialistische Weltsystem durch militärische Abschreckung und Überlegenheit geschützt und die gewaltsam oder hier und da auch friedlich revolutionären Bewegungen in der kapitalistischen Welt, notfalls auch durch „brüderliche Hilfe" militärischer Art, von den „sozialistischen Ländern" unterstützt werden (Jahn in Steinweg 1980). In der Übergangszeit bis zum kommunistischen Weltfrieden ging seit 1954 die Theorie der friedlichen Koexistenz (Royen 1978, Jegorow 1972) davon aus, dass zwar ein weiterer Weltkrieg aufgrund der militärischen Überlegenheit der Sowjetunion im Prinzip vermeidbar sei, dass aber mit weiteren begrenzten Kriegen gerechnet werden müsse.

Westlicher „politischer Realismus" und östlicher „Marxismus-Leninismus" als die beiden dominanten Denkrichtungen in der Nachkriegszeit hielten zwar am grundsätzlichen Ziel des Weltfriedens und vor allem der Vermeidung eines dritten Weltkrieges fest; sie stellten jedoch eine hohe Wahrscheinlichkeit begrenzter Kriege in Rechnung und legitimierten eine permanente quantitative und qualitative Aufrüstung nach 1945, darunter auch die nukleare. Dem ersten US-amerikanischen Atombombenversuch im Juli 1945 und dem ersten Atombombeneinsatz über Hiroshima und Nagasaki im August 1945 folgte der erste sowjetische Atombombenversuch im August 1949. Die enorme Ausweitung der Nuklearwaffenarsenale der beiden Weltmächte und die Entstehung weiterer Nuklearmächte mit erfolgreichen Bombentests: Großbritannien 1952, Frankreich 1960, Volksrepublik China 1964, Israel (ohne Test seit ca. 1967), Indien 1974, Pakistan 1998 und Nordkorea (2006) in den folgenden Jahrzehnten haben ein völlig neues Zeitalter, das Atomzeitalter, hervorgerufen, in dem Krieg nicht nur die Dezimierung der Bevölkerung größerer Regionen und Länder um ein Drittel wie im Dreißigjährigen Krieg oder um bis zu zwanzig Prozent wie im Zweiten Weltkrieg zur Folge haben könnte, sondern auch die vollständige Vernichtung der Menschheit. Spätestens seit Ende der 1960er Jahre ist der militärische Omnizid, die Vernichtung aller Menschen, eine Möglichkeit der „Fortsetzung der Politik mit anderen Mitteln" (von Clausewitz) in einem umfassenden Weltkrieg. Zwar ist die politische Gefahr eines Weltnuklearkrieges seit dem Ende des Ost-West-Konflikts im Jahre 1991 erheblich gesunken, aber keineswegs völlig gebannt.

Insbesondere die Gefahr des Einsatzes von Nuklearwaffen, aber auch von chemischen und biologischen Massenvernichtungsmitteln, hat neue Anstöße zur Erforschung von Konflikten, Kriegen und den Bedingungen eines dauerhaften Friedens ausgelöst. Dies geschah infolge des rasch nach 1945 einsetzenden Kalten Krieges, d. h. einer wechselseitigen Politik der permanenten Weltkriegsbereitschaft und -drohung der beiden Weltmächte und ihrer Verbündeten, noch nicht im ersten Nachkriegsjahrzehnt, als die Doktrinen des politischen Realismus und des Marxismus-Leninismus eindeutig vorherrschten. Erst seit Mitte der 1950er Jahre, nach dem Tode Stalins 1953 und in einer ersten Phase der Ost-West-Entspannung seit 1955 setzte eine relevante kritische wissenschaftliche Auseinandersetzung mit den vorherrschenden Denkweisen zur internationalen Politik ein.

1.3 Friedens- und Konfliktforschung als reformierte Internationale Beziehungen oder als interdisziplinäre Forschungsrichtung

Der Zweite Weltkrieg, die Atombombenabwürfe über Japan und die Gründung der Vereinten Nationen veranlassten zwar eine gewisse Renaissance der Friedensthematik, von Ideen zur Schaffung eines neuen Weltrechts und der Forschung über internationale Organisation in den Sozialwissenschaften. Sie blieben aber in ihrer Wirkung infolge des gleich nach 1945 einsetzenden Kalten Krieges recht bescheiden. So dauerte es zehn Jahre, bis zwei Ereignisse den Impuls für eine neue Initiative zur intensiveren und gründlichen Auseinandersetzung mit den Voraussetzungen für einen dauerhaften Weltfrieden schufen. Zum einen verursachten zahlreiche überirdische Atomwaffentests in West und Ost eine intensive gesundheits- und lebensgefährdende Verstrahlung der Atmosphäre, die 1957 den organisierten Protest von Atomphysikern, Medizinern und dann auch Theologen im Westen hervorrief. Zum anderen ermöglichte eine erste kurze Entspannungsphase nach dem Tode Josef Stalins wissenschaftliche Kontakte mit sowjetischen Atomphysikern, die die Sorge um die Folgen der atomaren Rüstung nicht nur in einem potentiellen dritten Weltkrieg, sondern schon im Frieden mit ihren prominenten westlichen Kollegen teilten. Aus diesen Kontakten entstand als Resonanz auf ein Manifest von Albert Einstein und Bertrand Russell 1955 zwei Jahre später die Pugwash-Bewegung von Wissenschaftlern, die sich kritisch mit der atomaren Bedrohung und der Lage der globalen Sicherheit auseinandersetzten (Neuneck/Schaaf 2007). Dementsprechend warnten auch in der Bundesrepublik mehrere prominente Atomwissenschaftler, die „Göttinger 18", vor der atomaren Gefahr (Bartosch 1995: 169-172).

Parallel dazu begannen einzelne Wissenschaftler aus anderen Forschungsrichtungen (Mathematik, Philosophie, Sozialwissenschaften), oft motiviert durch ihre Verwurzelung in protestantischen Friedenskirchen wie den Quäkern, seit 1955 in den liberaldemokratischen, protestantischen Ländern Nordamerikas, Skandinaviens und in den Niederlanden eine neue Forschungsrichtung in privaten oder auch in universitären Instituten zu errichten: Konfliktforschung, Friedensforschung, Polemologie (Wissenschaft vom Konflikt, vom Krieg), für die sich später mehr und mehr die Sammelbezeichnung Friedens- und Konfliktforschung durchsetzte. Während Krieg und Konflikt den Gegenstand der Forschung darstellen, ist Frieden meist nur das Erkenntnisziel der Forschung. Hin und wieder wird aber in jüngerer Zeit auch eine funktionierende internationale Friedensordnung zum Gegenstand der Friedens- und Konfliktforschung (Matthies 1997, siehe auch schon Fisch 1979).

In der Geschichtswissenschaft fanden allerdings stets auch Themen wie die pax Romana oder der mittelalterliche Gottes- und Landfrieden Aufmerksamkeit in der Forschung (Hoffmann 1964, Wadle 2002, Parchami 2009).

Die Etablierung der neuen Forschungsrichtung erhielt einen weitere wichtige Anstöße durch die Gründung der *Peace Research Institute Oslo* (PRIO, 1959) und der von diesem herausgegeben Zeitschrift *Journal of Peace Research* (JPR, 1964) sowie der *International Peace Research Association* (IPRA, 1964), vor allem aber auch durch die Gründung des Stockholm International Peace Research Institute (SIPRI, 1966) aus Anlass der 150-jährigen Verschonung Schwedens von Krieg, womit die schwedische Regierung einen Beitrag zur Unterstützung ihrer neutralen Politik im Ost-West-Konflikt leisten wollte. In Deutschland erhielt die öffentliche Förderung der Friedens- und Konfliktforschung einen Durchbruch nach der Bildung der sozialliberalen Koalition mit der Gründung der Hessischen Stiftung Friedens- und Konfliktforschung in Frankfurt/Main (HSFK, 1970), des Instituts für Friedensforschung und Sicherheitspolitik in Hamburg (IFSH, 1971) und auf der Basis eines breiten gesellschaftlichen und eines Allparteienkonsenses der Deutschen Gesellschaft für Friedens- und Konfliktforschung (DGFK, 1970) als Institution zur Forschungsförderung. Infolge des Parteienstreits um die sozialliberale Ost- und Entspannungspolitik wurde letztere 1983 aufgelöst, erhielt aber 2002 mit der Deutschen Stiftung Friedensforschung mit einer anderen Organisationsstruktur eine Nachfolgerin. Auch in Japan entstand ab 1964 eine starke Friedensforschungsbewegung.

In den 1970er Jahren breitete sich die Friedensforschungsbewegung auf allen Kontinenten aus, in den spätkommunistischen Ländern aber erst in den 1980er Jahren, da der Marxismus-Leninismus lange beanspruchte, insgesamt selbst eine Friedenswissenschaft zu sein, wodurch separate Friedensforschungsinstitute nicht erforderlich seien.

Die Konzentration auf die Gefahr eines nuklearen Ost-West-Weltkrieges ließ viele Friedensforscher der ersten Generation (Wasmuht 1998, Jahn/Fischer/Sahm 2005: 35) Friedens- und Konfliktforschung als eine bloße Reform der Wissenschaft von den Internationalen Beziehungen, eine Rückbesinnung auf ihr ursprüngliches Anliegen begreifen (Czempiel 1969: VIII; 1986: 34). In der Folge der Ost-West-Entspannung, des Krieges der USA in Vietnam, der internationalen Studentenbewegung, der Dekolonisation und des Bewusstwerdens der Nord-Süd-Entwicklungs-diskrepanz ging eine neue Generation von Friedensforschern zur gesellschaftskritischen Auseinandersetzung nicht nur mit den Staatenkriegen über. Sie richtete ihre Aufmerksamkeit zunehmend auch auf die Bürgerkriege und darüber hinaus auf jegliche Form der historisch vermeidbaren Gewaltverhältnisse. Die begrifflichen Instrumente für den Paradigmenwechsel der „kritischen" Friedensforschung, die sich von der „traditionellen" Friedensforschung der Internationalen Beziehungen distanzieren wollte, lieferte 1969 vor allem der Aufsatz „Gewalt, Frieden und Friedensforschung" von Johan Galtung im Journal of Peace Research (Galtung 1969, auf deutsch: Galtung 1975: 7-36). Mit der Unterscheidung eines „negativen Friedens", d. h. eines negativ als Nichtkrieg definierten Friedens, von einem „positiven Frieden", der als soziale Gerechtigkeit oder als Abwesenheit von personeller und struktureller Gewalt definiert wurde (Galtung 1975: 32 und Anm. 30), ging die Ausweitung der Friedens- und Konfliktforschung auf fast alle anderen Forschungsdisziplinen, vor allem auf die sozial- und humanwissenschaftlichen Hand in Hand. Friedens- und Konfliktforschung wurde nunmehr betont als eine internationale, interdisziplinäre Wissenschaft verstanden, die Erkenntnisse aus prinzipiell allen Wissenschaften integrieren sollte. Strittig blieb, ob sie dabei eine eigene (Friedens-)Wissenschaft werden sollte oder ob sie lediglich eine bestimmte, wertorientierte, auf das Ziel der Herstellung von dauerhaftem Frieden gerichtete Fragestellung innerhalb der Wissenschaften sei.

Der hohe Anspruch der Interdisziplinarität konnte jedoch kaum eingelöst werden. Zwar wurden in manchen Friedensforschungsinstituten Wissenschaftler mehrerer Fachdisziplinen eingestellt, aber zu gemeinsamen, wirklich integrierten Forschungsprojekten kam es selten. Die bloße Koexistenz von Fachbeiträgen aus unterschiedlichen Disziplinen zu wissenschaftlichen Konferenzen und Sammelbänden dominierte. Die Kurzatmigkeit der Förderung von zwei- und dreijährigen Forschungsprojekten verhinderte selbst die Wiederholung eines solchen Jahrhundertwerks wie von Quincy Wrights monumentaler Studie *A Study of War* (Wright 1942, Neuauflage 1965), die auf eine Kooperation von 66 Wissenschaftlern in einem Zeitraum von 16 Jahren zurückging. Am effektivsten für die Verwirklichung interdisziplinärer Ansprüche war und ist wohl die einige wenige Fachgrenzen überschreitende (Selbst-) Qualifikation durch einzelne Friedensforscher geworden, die sich Kompetenzen z. B. in der Geschichts- und Politikwissenschaft, dem Völkerrecht und den Internationalen Beziehungen, der Soziologie und der Psychologie erwarben. Wirkliche Langzeitprojekte sind lediglich einige statistische Erhebungen und analytischen Beobachtungen des Rüstungsgeschehens (z. B. SIPRI-Yearbooks on Armament and Diarmament seit 1968) und der Kriege und bewaffneten Konflikte (Arbeitsgemeinschaft Kriegsursachenforschung seit 1986, Uppsala Conflict Data Program seit 1979).

1.4 Fachausbildung und Berufsfelder

Die bis heute strittige Frage, ob Friedens- und Konfliktforschung eine eigenständige Fachwissenschaft, eine angewandte Wissenschaft neben den Grundlagenwissenschaften oder aber ein auf das gesellschaftspolitische Ziel des Friedens orientierte Bewegung ist, die gewissermaßen alle etablierten Wissenschaften durchdringen und letztlich beherrschen will, um den gesamten Wissenschaftsbetrieb auf der Erde dem Weltfrieden dienstbar zu machen, hat auch

Auswirkungen auf die pädagogischen Ziele der Lehre von Friedens- und Konfliktforschern außer der selbstverständlichen erweiterten Reproduktion von Friedens- und Konfliktforschern an den Universitäten und Forschungseinrichtungen.

Aus dem umfassenden Anspruch der Gesellschaftsveränderung hin zur allgemeinen Friedensfähigkeit, d. h. zur Konfliktaustragung und Konfliktregulierung mit friedlichen Mitteln, folgt das Bestreben, Wissen über Krieg, Konflikt und Frieden möglichst weit in der gesamten frühkindlichen Erziehung, im Schul-, Hochschul-, Erwachsenenbildungswesen zu verbreiten. In diesem Sinne kann Friedensforschung fast in allen Wissenschaftsdisziplinen betrieben und gelehrt werden. Sie zielt auch nicht auf die Ausbildung in spezifischen Berufen ab, wenn auch bevorzugt in solchen Berufen, die auf den intensiven Umgang mit anderen Menschen und die Weiterverbreitung von Wissen orientiert sind. Allenfalls die so genannten Multiplikatoren, die Vervielfältiger von Wissen, sind dann bevorzugte Adressaten der Lehre in Friedens- und Konfliktforschung: Lehrer, Journalisten, Politiker, Geistliche, Verbandsfunktionäre usw.

Manche Friedens- und Konfliktforscher wollen aber auch sehr spezifische Fachkenntnisse in ihrem Forschungsbetrieb ermitteln und in ihrer Lehre an recht eng umrissene Zielgruppen weitergeben, z. B. detaillierte Kenntnisse über das Rüstungsgeschehen an Außenpolitiker, Diplomaten, Gewerkschafter, Unternehmer, die ein Interesse an der Konversion von Rüstungs- in Zivilindustrie zeigen. Andere wollen gründliche Kenntnisse in Konflikttheorien unterschiedlicher Reichweite, in Konfliktmanagement und Konfliktbearbeitung an solche Fachleute vermitteln, die beruflich mit der Gewaltprävention in den Schulen, in Betrieben und öffentlichen Einrichtungen, zwischen ethnischen Gruppen und in zwischenstaatlichen Beziehungen befasst sind. Hin und wieder werden Friedens- und Konfliktforscher eingeladen, ihre Kenntnisse und Einschätzungen einzelner politischer Langzeitkonflikte wie über den Nahostkonflikt, den Kaschmirkonflikt, die Spaltung Koreas oder Chinas mitzuteilen. Gern gesehen sind Studien über die Wirkung von Gewaltdarstellungen in den Massenmedien. Inzwischen haben sich zahlreiche gesellschaftliche Themen ergeben, in denen spezifische Kenntnisse der Friedens- und Konfliktforschung entstanden sind, die von Medien, Parteien und Verbänden abgefragt oder erwartet und gefordert werden. Daraus ist aber bislang keine spezifische berufliche Tätigkeit entstanden. Oft wird aber nur eine situationsbedingte Zusatzqualifikation in Friedens- und Konfliktforschung zur allgemeinen Berufsqualifikation als Lehrer, Diplomat, Politiker, Geistlicher, Journalist, Verbandsfunktionär, Manager usw. erwünscht, bisher jedoch noch nicht systematisch in berufsorientierten Lehr- und Ausbildungsplänen institutionalisiert.

Möglicherweise entsteht zur Zeit ein eigenständiger Beruf aus den zeitweiligen Beschäftigungsverhältnissen von zivilen Friedensfachkräften, die in den letzten Jahren von Regierungen, Internationalen Organisationen wie den Vereinten Nationen, der Organisation für Europäische Sicherheit und Zusammenarbeit und der Europäischen Union oder von zivilen Gesellschafts- (bzw. Nicht-regierungs)organisationen in Konfliktregionen eingesetzt werden, um gewaltsame Konflikte zu vermeiden oder das Wiederaufflammen von gewaltsamen Auseinandersetzungen in „eingefrorenen Konflikten" nach einem Bürgerkrieg zu verhindern. Bisher werden diese Fachkräfte lediglich in relativ kurzen Kursen auf ihre Aufgabe vorbereitet. Bei gesellschaftlichen Konflikten wie den Tarifkonflikten oder bei internationalen Konflikten werden bislang meist nur erfahrene Politiker und Persönlichkeiten des öffentlichen Lebens zur Konfliktvermittlung und -schlichtung eingesetzt. Längerfristig ist es durchaus denkbar, dass professionelle, in Friedens- und Konfliktforschung ausgebildete Konfliktmoderatoren mit solchen Aufgaben betraut werden.

In Ländern, in denen das universitäre Studium nicht strikt nach etablierten Fachdisziplinen gegliedert ist, sondern auf spezifische, gesellschaftlich als relevant angesehene Themen, gibt es schon seit Jahrzehnten eigenständige *peace studies*. Auch in Deutschland haben sich im Zuge des Bologna-Prozesses einige Studiengänge mehr und mehr von den Fachdisziplinen gelöst und auf einzelne Themen konzentriert wie z. B. Europa-Studien. Diese Tendenz ermöglichte an einigen Universitäten die Einrichtung von Studiengängen zur Friedens- und Konfliktforschung (Brühl 2005: 537). Das ist jedoch durchaus ambivalent. Zum einen führt es zur einigermaßen festen Etablierung von Einrichtungen, Professuren und Studiengängen mit Studentengruppen, die sich voll und ganz auf die Friedens- und Konfliktforschung konzentrieren können, während bislang die Lehre von in Sachen Frieden und Konflikt besonders engagierten Professoren jeglicher Fachrichtung abhing, die nach ihrem Gutdünken entschieden, ob und wie viele Lehrveranstaltungen sie diesem Thema widmen wollten. Andererseits kann die Fixierung von eigenständigen Studiengängen für Friedens- und Konfliktforschung dazu führen, dass das Thema Krieg, Konflikt und Frieden mit dem Verweis auf den besonderen Studiengang aus anderen Studiengängen ausgeschlossen wird. Es bleibt abzuwarten, ob es tatsächlich zu einer Ein- und Abkapselung der Friedens- und Konfliktforschung an den Universitäten kommt oder ob von den neu eingerichteten Professuren und Studiengängen für Friedens- und Konfliktforschung intellektuelle Impulse in die Lehre und Forschung vieler anderer Personen und Einrichtungen ausgehen, die sich nominell nicht der Friedens- und Konfliktforschung gewidmet haben. Im Jahre 2010 wurden an folgenden Universitäten in Deutschland Studiengänge in Friedens- und Konfliktforschung angeboten: Darmstadt/ Frankfurt a. M., Hagen (Zulassung „ausgesetzt"), Hamburg, Magdeburg, Marburg, Tübingen.

2 Konflikt, Krieg, Gewalt, Massenmord als Gegenstände der Forschung

Der Hauptgegenstand der Friedensforschung sind gemeinhin Zustände der Abwesenheit von Frieden: Konflikt, Konfrontation, Streit, Debatte, Diskussion, Kampf, Zusammenstoß, Zwiespalt, Krieg, Gewalt, Revolution, Aufruhr, Putsch, Massenmord und andere. Weit seltener werden Zustände des Friedens thematisiert: Versöhnung, Konfliktlösung, Gerechtigkeit. Das Fremdwort Konflikt wurde erst im 18. Jahrhundert aus dem Lateinischen (*conflictus* von *confligere* = zusammenschlagen, zusammenstoßen) übernommen und wird heute oft als Überbegriff für alle Formen des Streits und des Gegensatzes benutzt. Ein Interessenkonflikt als ein Gegensatz unvereinbarer Interessen kann eine recht friedliche Angelegenheit sein. Er muss sich nicht in einem gegensätzlichen Verhalten, in einem Zusammenstoß von Personen niederschlagen, sondern kann sich auf die bloße Äußerung von Gedanken und Worten beschränken. Er bleibt dann ein latenter Konflikt, wird nicht manifest.

Manchmal wird Konflikt auch als verharmlosendes Synonym für Krieg benutzt, etwa im Jargon der Vereinten Nationen von der Friedenskonsolidierung nach Kriegen (*post-conflict peacebuilding*). Es ist somit erforderlich, zwischen recht verschiedenen Typen und Austragungsformen des Konflikts zu unterscheiden.

2.1 Konstruktiver und destruktiver Konflikt

Lange Zeit wurde Konflikt als Gegenteil von Frieden verstanden, als etwas Unnormales, Störendes, Unerwünschtes, Krankhaftes und deshalb zu Beseitigendes. In Teilen der Gesellschaft geschieht das heute noch immer. Dahinter steht ein harmonisches Bild von Frieden als einer normalen oder normgerechten konfliktlosen Gesellschaft. Erst zu Beginn der 1960er Jahre begannen Soziologen wie Ralf Dahrendorf, Konflikt als ein ständig vorhandenes Kennzeichen jeder Gesellschaft zu begreifen bis hin zur Neigung, alles soziale Leben als Konflikt zu verstehen (Dahrendorf 1961: 235). Konflikte zwischen beharrenden und verändernden Kräften in einer Gesellschaft sind nach dieser Auffassung notwendige, treibende Faktoren des gesellschaftlichen Fortschritts (Kriesberg 1982; 2007). Demokratische Gesellschaften bejahen Konflikte und institutionalisieren sie sogar, etwa den Wahlkampf als wesentliches Element eines nie endenden und nie enden sollenden Konflikts zwischen den politischen Parteien um befristete oder rechtlich begrenzte Macht. Oder den Tarifkonflikt als den unerlässlichen Konflikt zwischen Arbeitgebern und Arbeitnehmern in einer sozialen Marktwirtschaft um die Verteilung des gemeinsam erzeugten Mehrwerts und die Arbeitsbedingungen (Kittner 2005). Gesellschaften, die wie die kommunistische Parteigesellschaft Konflikte zu leugnen und zu unterdrücken trachten, tendieren nach Dahrendorf nicht nur zu einem totalitären Friedensverständnis, das konfliktfeindlich ist und eine völlige gesellschaftliche Harmonie und Einheit demonstrieren möchte, sondern auch dazu, Situationen hervorzurufen, in denen unterdrückte Konflikte sich eines Tages unkontrollierbar und gewaltsam äußern (1961: 226).

Die Bejahung von Konflikten als wesentlichem Element moderner Gesellschaft führt zu einer Unterscheidung zwischen schöpferischen, konstruktiven (Kriesberg 2007), den Fortschritt der Gesellschaft förderlichen und destruktiven Konflikten, die Menschen und Gesellschaften zerstören und auslöschen und auch die Natur und von Menschen hergestellte Sachen in unverantwortlicher Weise schädigen und vernichten können.

2.2 Bewaffneter Konflikt und Krieg

Sieht man von metaphorischen Verwendungen des Wortes Krieg (Kalter Krieg, Bandenkrieg, Ehekrieg, Krieg der Worte) ab (Wright 1965: 8), so lässt sich unter Krieg eine gesellschaftlich organisierte

Form des länger anhaltenden politischen Kampfes unter Inkaufnahme des Todes vieler Kämpfer und Unbeteiligterverstehen.

Damit ist Krieg in dreierlei Weise von verwandten Erscheinungen unterschieden. Erstens ist Krieg eine Form der Politik, nicht schlechthin jeglichen gesellschaftlichen individuellen oder Gruppenhandelns. Danach sind Privatfehden und Banden-„Kriege" zwischen kriminellen Vereinigungen, wie viele Opfer sie auch immer kosten, oder politische Attentate mit einer großen Zahl von Opfern, keine Kriege. Bei einem Krieg geht es um die Durchsetzung einer Politik zur Erhaltung oder zur Veränderung eines Gemeinwesens. Zweitens ist Krieg eine bestimmte Form des politischen Kampfes oder Konflikts, die sich von anderen Formen des Kampfes (z. B. Wahlkampf, „Straßenschlacht" mit Fäusten, Knüppeln oder Steinen) durch den beidseitigen Einsatz von Waffen, die mit Tötungsabsicht benutzt werden, unterscheidet. Militärische Drohgebärden z. B. im Zuge der Besetzung eines Landes mögen denselben politischen Effekt haben wie ein kriegerischer Sieg, stellen aber keinen Krieg dar. Ein Krieg beginnt erst, indem eine politische Partei bewaffneten Widerstand gegen einen Aggressor leistet. Aggressoren sind im Prinzip nicht an Krieg interessiert und geben sich mit einer Kapitulation der Angegriffenen ohne einen Krieg zufrieden. Erst der Angegriffene, der Verteidiger entscheidet, ob es zu einem Krieg kommt. Zu einem Krieg gehören also zwei kriegsbereite Parteien. Der Krieg ist drittens eine Form des wechselseitigen Tötens, die sich von anderen Formen des Tötens von Menschen durch Menschen unterscheidet. Werden unbewaffnete Menschen (Zivilisten, wehrlose, kriegsgefangene Soldaten) getötet, handelt es sich weder um Kampf, noch gar um Krieg, sondern um Mord oder Massenmord.

Das klassische Verständnis von Krieg nach von Clausewitz als Fortsetzung der Politik mit anderen Mitteln[2] ist im Widerspruch zu verbreiteten Ansichten auch heute noch sinnvoll. Es verlangt erstens, analytisch anzuerkennen, dass Krieg ein politisches, kein natürliches und auch kein rein militärisches Geschehen ist. Krieg

---

[2] Wörtlich: „So sehen wir also, dass der Krieg nicht bloß als politischer Akt, sondern ein wahres politisches Instrument ist, eine Fortsetzung des politischen Verkehrs, ein Durchführen desselben mit anderen Mitteln." (Clausewitz 1980: 34).

„bricht nicht aus", sondern wird von Menschen politisch willentlich gemacht. Es erfordert normativ fernerhin, dass jegliches kriegerische Verhalten ständig auf seinen politischen Zweck und seine Eignung zur Erreichung dieses Zweckes überprüft werden soll. Der Zweck, dem Gegner seinen Willen aufzuzwingen, setzt, scheinbar paradox, das Überleben des Feindes als gesellschaftliche Gruppe voraus, also seine Chance, sich zu unterwerfen. Die Ausrottung des Feindes oder gar der Untergang der Menschheit infolge eines unbeschränkten Waffeneinsatzes sind kein Krieg mehr, sondern Völker- oder Massenmord, im äußersten Falle Omnizid (Vernichtung aller Menschen und vielleicht sogar aller Lebewesen). Frieden, die Abschaffung des Krieges, ist somit eine Fortsetzung der Politik mit nichtkriegerischen Mitteln.

Eine Quantifizierung des Kriegsgeschehens erfordert eine präzisere definitorisch Bestimmung von Krieg, die innerhalb eines gewissen Rahmens willkürlichen Charakter trägt. Die Hamburger Arbeitsgemeinschaft Kriegsursachenforschung etwa definiert Krieg in folgender Weise: „Krieg ist ein gewaltsamer Massenkonflikt, der alle folgenden Merkmale aufweist: a) an den Kämpfen sind zwei oder mehr bewaffnete Streitkräfte beteiligt, bei denen es sich mindestens auf einer Seite um reguläre Streitkräfte (Militär, paramilitärische Verbände, Polizeieinheiten) der Regierung handelt, b) auf beiden Seiten muss ein Mindestmaß an zentral gelenkter Organisation der Kriegführenden und des Kampfes gegeben sein, selbst wenn dies nicht mehr bedeutet als organisierte bewaffnete Verteidigung oder planmäßige Überfälle (Guerillaoperationen, Partisanenkrieg usw.), c) die bewaffneten Operationen ereignen sich mit einer gewissen Kontinuität und nicht nur als gelegentliche, spontane Zusammenstöße, d. h. beide Seiten operieren nach einer planmäßigen Strategie, gleichgültig ob die Kämpfe auf dem Gebiet einer oder mehrerer Gesellschaften stattfinden und wie lange sie dauern" (Schreiber 2010: 10).

So hat es sich vielfach eingebürgert, von Krieg nur dann zu sprechen, wenn in einem Jahr mindestens 1000 Tote aufgrund von Kampfhandlungen (Harbom/Wallensteen 2010: 501) zu verzeichnen sind; Ereignisse mit weniger Toten werden dann als bewaffnete Konflikte (mehr als 25 Tote in Kampfhandlungen) bezeichnet, wobei deren Unterscheidung zu einzelnen bewaffneten Aktionen, Terroranschlägen, politischen Morden nicht immer klar ist.

Kaum jemand wird die relativ sporadischen Terroraktionen der „Roten Armee-Fraktion" in Deutschland oder der „Roten Brigaden" in Italien als Krieg bezeichnen. Manche sehen jedoch in der dichteren Folge von Terroranschlägen und vor allem aufgrund des breiteren gesellschaftlichen und politischen Rückhalts der „Irischen Republikanischen Armee" in Großbritannien oder der baskischen Untergrundorganisation „Baskenland und Freiheit" (ETA) in Spanien einen wirklichen Bürgerkrieg. Die Vereinten Nationen und die NATO erklärten den Terroranschlag vom 9. September 2001 in New York und Washington zu einem Angriffskrieg, der zum kollektiven Verteidigungskrieg der USA und ihrer Verbündeten in Afghanistan berechtigte. Dennoch wurden die gefangenen Terroristen von den USA nicht als Kriegsgefangene, aber auch nicht als Kriminelle mit den entsprechenden Rechten anerkannt.

Der transnationale Terrorismus enthält Züge von politischer Kriminalität (wie Attentaten, politischen Morden), eines internationalisierten Bürgerkrieges und auch eines zwischenstaatlichen Krieges, insofern die terroristischen Aktivitäten in anderen Ländern von einzelnen Staaten geduldet oder unterstützt werden. Auch die palästinensische Intifada als eine Mischung aus gewaltsamen Massendemonstrationen und Terroraktivitäten ist ein schwierig zu klassifizierender Fall im Grenzbereich von Krieg und kriegsähnlichem Ereignis, wobei selbst der Status des Gebietes, in dem die Intifada stattfand, ungeklärt war, so dass es sich weder um einen Quasi-Bürgerkrieg, noch um einen Quasi-Staatenkrieg handelte, da die Palästinenser weder Bürger des israelischen, noch eines arabischen Staates waren.

Schwierig ist es auch manchmal zu entscheiden, ob es in einer Region in einem bestimmten Zeitraum nur einen Krieg gab oder mehrere aufeinander folgende Kriege, etwa in Vietnam oder in Jugoslawien. So ist es nicht zu verwundern, dass fast jeder Kriegserforscher, je nach seiner Operationalisierung des Kriegsbegriffs und kaum aufgrund unterschiedlicher empirischer Befunde zum Kriegsgeschehen selbst, zu einer ganz anderen Zahl von Kriegen im selben Zeitraum gelangt als sein Kollege, der einen engeren oder weiteren Kriegsbegriff gewählt hat, wie eine Gegenüberstellung mehrerer Kriegsstatistiken zeigt (Ferdowsi 1996: 308; Pfetsch/Billing 1994: 58f.). So zählten etwa Pfetsch und Billing 86 Kriege zwischen 1945 und 1990, außerdem jedoch auch 219 ernste Krisen, zu denen auch gewaltsame Konflikte gehören (1994: 98-100), während Gantzel und Schwinghammer aufgrund einer weiteren Kriegsdefinition 174 Kriege in demselben Zeitraum zählten (1995: 88, vgl. 31).

Kriege haben eine längere Dauer als bloß einige Stunden oder wenige Tage. Kriegerische Aktivitäten von kurzer Dauer innerhalb eines Staates, die durchaus viele Todesopfer kosten können, nennt man Putsche, wenn sie erfolgreich eine Regierung stürzen oder ein Regierungssystem beseitigen oder Staatsstreiche, wenn die Regierung selbst das Regierungs- und Verfassungssystem mit einem Gewaltakt ändert. Nach Pfetsch und Billing gab es in der Zeit von 1945 bis 1990 annähernd 400 Putsche (inklusive Staatsstreiche) und Putschversuche (1994: 12, 194-206).

2.3 Physische Gewaltsamkeit und strukturelle Gewaltverhältnisse

Die Ausweitung des Friedensbegriffes in den späten 1968er Jahren durch die von Johan Galtungs Aufsatz „Gewalt, Frieden und Friedensforschung" (Galtung 1969, deutsch in Galtung 1975: 7-36 und Senghaas 1981: 55-104) inspirierte kritische Friedens- und Konfliktforschung erfolgte durch die Ablösung einer negatorischen Definition durch eine andere: Frieden wurde nunmehr nicht mehr durch die Abwesenheit von Krieg sondern durch die Abwesenheit von Gewalt definiert. Dies machte eine nähere Klärung des Gewaltbegriffs erforderlich. Galtung unterschied zwischen physischer und psychischer Gewalt, zwischen direkter, von Personen auf Personen ausgeübter Gewalt und indirekter Gewalt, struktureller Gewalt, die von gesellschaftlichen Strukturen ausgeht, aber nicht von angebaren Personen verübt wird. Er definierte: „Gewalt liegt dann vor, wenn Menschen so beeinflusst werden, dass ihre aktuelle somatische und geistige Verwirklichung geringer ist als ihre potentielle

Verwirklichung" (Galtung 1975: 9). Im Blick hatte Galtung vor allem die tödliche Gewalt, ohne explizit den Unterschied zwischen tödlicher und verletzender Gewalt zu betonen. Er thematisierte zunächst auch nur die Gewalt gegen Menschen, nicht die gegen andere Lebewesen, gegen die Umwelt oder gegen Sachen; später sprach er auch von Ökozid (1990: 292). Jahrzehnte später befasste sich Galtung mit einem dritten Gewaltbegriff, dem der kulturellen Gewalt, worunter er diejenigen Aspekte von Kultur verstand, die direkte oder strukturelle Gewalt rechtfertigen (1990: 291). Der Tod durch Hunger, Epidemien lässt sich in der Regel nicht direkt auf das Tun bestimmter Menschen zurückführen.

Die Gewaltbegriffe Galtungs haben eine soziohistorische Dimension: nur der Tod und das Leiden wird von ihm als Gewalt bezeichnet, der in einem gegebenen historischen Entwicklungsstadium der Menschheit im Prinzip als vermeidbar gilt. Naturgewalt an sich ist kein Thema für Galtung, auch nicht der menschliche Tod und das Leiden an sich, sondern nur der in einem historisch gegebenen gesellschaftlichen und medizinischen Entwicklungsstadium im Prinzip technisch und durch gesellschaftliche Reorganisation der Menschheit vermeidbare Tod und das verhinderbare Leiden unter Unterdrückung, Ausbeutung, Ungerechtigkeit. Nicht jeglicher Mangel wird von Galtung als Gewalt bezeichnet, sondern nur der, der allgemeinen Wertvorstellungen entspricht.

Kritisch lässt sich gegen den Gewaltbegriff einwenden, dass zwar bei einer isolierten Betrachtung eines Missstandes und vorhandener technischer und ökonomischer Mittel dieser Missstand beseitigt werden könnte, dass es aber in der Wirklichkeit zahlreiche Missstände gibt, zu deren gleichzeitiger Behebung die vorhandenen Mittel und Möglichkeiten nicht ausreichen. Außerdem hat jeder Mensch sehr viele, jedoch zeitlich und materiell unvereinbare Möglichkeiten der Verwirklichung. So impliziert der weite Begriff des „positiven Friedens", dass es erstens in der bisherigen Geschichte der Menschheit Frieden nie gegeben hat und zweitens auch nie geben kann und wird. Das Ziel des Friedens reduziert sich auf eine Leitidee, die eine Verringerung der Gewalt, aber nicht die Abschaffung der Gewalt zum Ziel hat. Bisher wurde allerdings noch kein Messinstrument entwickelt, das die Zunahme oder Abnahme von struktureller Gewalt erfassen könnte, so dass der Begriff für die empirische Forschung kaum operationalisierbar ist.

Ein zweiter Schwachpunkt des Konzepts der strukturellen Gewalt besteht in der Unklarheit, wann und wo eine annähernde Übereinstimmung von Wertvorstellungen vorliegt. Galtung konnte nur mit plausiblen Beispielen operieren: Tuberkulose ist erstens heilbar und wird zweitens von fast allen Menschen nicht positiv bewertet. Die Glaubensvorstellungen einzelner Religionen sind hingegen nicht konsensual, insofern kann der Mangel an christlichen, islamischen, buddhistischen oder sonstigen religiösen Überzeugungen nicht als strukturelle Gewalt begriffen werden. Aber auch Demokratie und Diktatur, Kapitalismus (Marktwirtschaft) und Sozialismus sind in der Menschheit nicht konsensual, so dass etwa undemokratische politische Systeme nicht als strukturelle Gewalt verstanden werden können.

Eine weitere Schwäche des Verständnisses von Frieden als Abwesenheit sowohl von personaler als auch struktureller Gewalt ist die Ausblendung der Bedeutung von legitimer physischer Gewaltsamkeit des Staates als Polizeigewalt und von gerichtlich als allgemein verbindlich verfügter Zwangsgewalt für den gesellschaftlichen Frieden innerhalb eines Staates. Zwar wird in der Literatur des pazifistischen Anarchismus die Zukunftsperspektive einer Gesellschaft erörtert, die in der Lage ist, ohne jegliche staatliche Gewalt ihre Konflikte gewaltfrei auszutragen und durch geeignete pädagogische und medizinische Mittel jegliche private Gewaltverbrechen zu vermeiden, aber die weitaus überwiegende Mehrheit der Weltbevölkerung und der Wissenschaftler schließt die historische Möglichkeit einer völlig gewaltfreien menschlichen Gesellschaft entweder grundsätzlich oder für die nächsten Jahrhunderte aus. In diesem Zusammenhang spielt die oben erwähnte Debatte über einen ursprünglichen Frieden in der Geschichte der Menschheit eine wichtige Rolle, auch wenn von einem Urfrieden in einer noch gering entwickelten Menschheit keineswegs auf einen gewaltfreien Zukunftsfrieden in einer komplexen Weltgesellschaft geschlossen werden kann.

Folgt man diesem Gedankengang, so ergibt sich als Herausforderung an zukünftige Friedens- und Konfliktforschung, das

Ausmaß und die Formbestimmtheit gesellschaftlich notwendiger Staatsgewalt zur Herstellung und Aufrechterhaltung gesellschaftlichen Friedens selbst in einer Welt ohne Staaten- und Bürgerkrieg zu erkunden. Frieden lässt sich dann nicht mehr als Abwesenheit von jeglicher Gewalt verstehen.

2.4 Politisch beabsichtigter Massenmord

Seltsamerweise war der politisch beabsichtigte Massenmord jahrzehntelang kein Thema der Friedens- und Konfliktforschung und tauchte auch allenfalls sporadisch bei der Diskussion des Gewaltbegriffes auf. Dies könnte daran gelegen haben, dass er als Begleiterscheinung von Krieg und Bürgerkrieg angesehen wurde. Obwohl politische Massenmorde häufig im Zusammenhang mit Kriegen stattfinden, sind sie nicht immanente Teile des Kriegsgeschehens und haben keine oder kaum eine militärische Funktion. Manche politisch beabsichtigte Massenmorde finden auch mitten im Frieden statt, so in der Sowjetunion zwischen dem Bürger- und Interventionskrieg nach der Oktoberrevolution und dem Zweiten Weltkrieg oder in Ruanda 1994.

Ein zweiter Grund dürfte sein, dass selbst in der wissenschaftlichen und öffentlichen Auseinandersetzung mit der nationalsozialistischen Gewaltherrschaft die systematische Ermordung der Juden lange Zeit keine große Rolle spielte und erst seit den 1970er Jahren ein herausragendes Thema ist.

Politisch beabsichtigter Massenmord kann im Unterschied zum privat veranstalteten, gewöhnlichen kriminellen Massenmord und auch zum weitgehend spontanen gesellschaftlichen Massenmord in außergewöhnlichen Krisenmomenten ungeheuerlich viele Menschen in den Tod schicken. Im 20. Jahrhundert haben kommunistische und nationalsozialistische Regime dreimal Zigmillionen unbewaffnete Menschen umgebracht (Rummel 2003: 4).

Es lassen sich drei Typen von politisch beabsichtigten, von politischen Parteien und Organisationen betriebenen und systematisch im großen Maßstab von staatlichen Verwaltungen, Polizei- und Militärapparaten sowie offiziösen Einsatzgruppen („Todesschwadronen") durchgeführten Massenmorden unterscheiden. Seit 1948 ist in einer Konvention der Vereinten Nationen der Völkermord (Genozid) als ein eigenständiger völkerrechtlicher Straftatbestand erklärt worden, bei dem die Absicht besteht, „eine nationale, ethnische, rassische oder religiöse Gruppe ganz oder teilweise zu zerstören" (Jahn 2008: 86). Der Begriff Genozid war erst wenige Jahre zuvor von Raphael Lemkin zunächst zur Bezeichnung der nationalsozialistischen Ermordung von Polen, dann auch von Juden, geprägt worden. Allerdings wurde auch schon im frühen 19. Jahrhundert schon von Völkermord in Bezug auf die Polen und die Vernichtung des polnischen Staates gesprochen. Die Sowjetunion hatte damals erfolgreich darauf gedrungen, dass nicht auch soziale Gruppen als Opfer von Massenmord aufgeführt werden, um nicht selbst wegen des Mordes an den eigenen Bauern und anderen sozialen Gruppen angeklagt werden zu können.

Im deutschen Historikerstreit um einige Schriften Ernst Noltes spielte der Vergleich zwischen nationalsozialistischem Völker- bzw. Rassenmord und sowjetkommunistischem Klassenmord eine gewisse Rolle. Der Autor dieser Einführung führte den Ausdruck „Soziozid" für den Massenmord an sozialen Klassen, Schichten und anderen sozialen Gruppen ein (Jahn 2004b: 22). Er ist sinnvoller als der manchmal benutzte Ausdruck des „Genozids am eigenen Volk".

Zuvor war in der US-amerikanischen Genozidforschung bereits der Begriff des Politizids für den Massenmord an tatsächlichen oder angeblichen Anhängern einer politischen Partei, Organisation oder Gesinnung gebräuchlich (Harff/Gurr 1988: 360).

Als übergreifenden Begriff für alle drei Typen des politisch beabsichtigten Massenmords hat der US-amerikanischen Politikwissenschaftler Rudolph den Begriff des Demozids (Bevölkerungsmord) eingeführt und vor allem systematisch alle Demozide des 20. Jahrhunderts quantitativ zu erfassen gesucht. Bis zum Jahre 1987 kamen demnach ungefähr 169,2 Millionen Menschen in politisch beabsichtigen Massenmorden um, im Vergleich zu ungefähr 34 Millionen Kriegstoten (Rummel 2003: 15).

Bis heute ist in Europa die Völker- und Massenmordforschung außer die Erforschung der Schoah der Juden (Holokaust) noch erstaunlich gering entwickelt und auch noch nicht wirklich ein großes Anliegen der Friedens- und Konfliktforschung geworden. Dies mag auch daran liegen, dass die kritische Befassung mit Demoziden herkömmliche Antikriegseinstellungen zu gefährden droht, da ein internationaler Interventionskrieg zur Unterbindung von Massen- und Völkermord unter Umständen eine human gebotene Option ist und eine Abwägung der vermutlichen Opfer eines Krieges mit den zu rettenden Opfern eines im Gang befindlichen oder drohenden massenhaften Mordens erfordert.

3 Kooperation, zivile Konfliktbearbeitung, Frieden und Sicherheit als Gegenstände und Normen der Forschung

Auch wenn die öffentliche und die wissenschaftliche Aufmerksamkeit sich vorwiegend auf Kriege und Konflikte konzentriert, so gehört zur Friedens- und Konfliktforschung genauso das Studium tatsächlicher und möglicher Formen des Friedens und der Mittel und Wege zum Frieden: Zwischenmenschliche Zusammenarbeit (Kooperation), Konfliktlösung, Konfliktregulierung, zivile Konfliktbearbeitung, Versöhnung (Lederach 1997: 23-35; Santa-Barbara in: Webel/Galtung 2007: 174), die Herstellung von Sicherheit sind neben anderen derartigen Instrumenten, Frieden zu stiften.

3.1 Kooperation, Konfliktlösung und Konfliktregulierung

Kooperation ist eines der wichtigsten Mittel zur friedlichen Regulierung oder gar Lösung von Konflikten, wenn auch nicht das einzige. Auch die räumliche und soziale Trennung der Konfliktparteien kann ein geeignetes Mittel zu diesem Zweck sein. Aber dort, wo die Menschen zusammenleben müssen oder wollen, sind sie auf Zusammenarbeit und ein Zusammenwirken bei der Gestaltung des Lebens in der Gesellschaft oder gar in der Gemeinschaft angewiesen. Kooperation schließt nicht Konflikt zwischen den in vielen Angelegenheiten Zusammenarbeitenden aus, wie auch umgekehrt in einem Konflikt partiell miteinander kooperiert werden kann, etwa um den Konflikt zu mäßigen oder ihn auf einen bestimmten Konfliktgegenstand zu beschränken. Dennoch sind Konflikt und Kooperation gegensätzliche Verhaltensweisen in Hinblick auf eine bestimmte Sache.

Kooperation kann gleichartige Kräfte zu einem nur gemeinsam zu erreichenden Ergebnis bündeln. Kooperation kann aber auch arbeitsteilig stattfinden. Auch der Austausch von Gütern, Dienstleistungen und Informationen (Kommunikation) stellt eine Form der Kooperation dar. In der modernen, tendenziell weltweit internationalisierten Gesellschaft ist Frieden ohne ein Mindestmaß von globaler Kooperation unmöglich geworden, da bei vielen Konflikten Frieden nicht mehr durch soziale und räumliche Trennung erlangt werden kann. Die Mäßigung, die Regulierung und die Lösung von Konflikten bedürfen der Kooperation.

Die Frage stellt sich, weshalb es überhaupt zur Kooperation kommen kann. Nach manchen Studien lässt sich ein menschliches Bedürfnis nach Übereinstimmung, selbst zu altruistischem Verhalten erkennen. So wurde auch versucht, gegenüber sozialdarwinistischen Lehren Kooperation aus genetischen Strukturen der Lebewesen herzuleiten (Bauer 2006). Größere Bedeutung hat die Herleitung von Kooperation aus dem rationalen Interesse an individueller Nutzenmaximierung in spieltheoretischen Studien erlangt (Axelrod 2009). Das „Gefangenendilemma" führt ein beliebtes Argumentationsmuster für Kooperation nicht nur in den zwischenmenschlichen, sondern auch in den internationalen Beziehungen vor (Müller/ Schörnig 2006: 40-46; Krell 2009: 243-246).

Auch die Non-Kooperation (Boykott, Embargo) in einer gewaltfreien Konfliktstrategie ist nur ein Kampfmittel (Sharp 1973: 183-356), mit dem Druck auf den Konfliktgegner ausgeübt werden soll, um ihn zu einer Kooperation auf der Basis der Gleichberechtigung der Konfliktparteien zu bewegen.

Manche Konflikte über einen Gegenstand lassen sich abschließend und dauerhaft lösen. Dazu gehören etwa Konflikte über die Verteilung von bestimmten Gütern, aber auch Grenzkonflikte. Eine breite Forschungsliteratur präsentiert zahlreiche Strategien zur Konfliktlösung (Gerber 1998) und zur Versöhnung von Konfliktparteien (Lederach 1997; Rigby 2001) sowie zur Völkerverständigung.

Es gibt jedoch eine besondere Art von Konflikten, nämlich strukturelle Konflikte, die sich nicht lösen, sondern nur regulieren lassen, auch solche, deren dauerhafte Lösung gar nicht erwünscht ist. Einen Konflikt regulieren heißt, ihn gesellschaftlich konventionellen oder rechtlichen Regeln zu unterwerfen und ihn damit in nicht gewaltsame, friedliche Bahnen zu lenken. Kämpfe um politische Macht in Herrschaftspositionen und soziale Klassenkonflikte beispielsweise führten durch Jahrhunderte immer wieder einmal zu blutigen Auseinandersetzungen, Unruhen, Aufständen, Revolten, Revolutionen und Bürgerkriegen.

Konfliktregulierung (Schwarzer 1995: 25) oder Konfliktregelung (Meyer 2011: 50) ist kein Mangel im Vergleich zur Konfliktlösung, sondern die gemäßigte, friedliche Auseinandersetzung ist ein wesentlicher Antriebsfaktor für den immer wieder erforderlichen gesellschaftlichen Wandel. Sie schließt auch befristete und beschränkte Konfliktlösungen ein, die für eine Weile die Konfliktaustragung beenden. Eine abschließende, dauerhafte Konfliktlösung ist hingegen gar nicht erwünscht. In Demokratien wird der Parteienkonflikt um Mehrheiten in den Parlamenten und um die Erlangung der Regierungsmacht unter anderem durch öffentliche Debatten, periodische Wahlkämpfe und Wahlen sowie in vielen Ländern durch Koalitionsverhandlungen geregelt. Staatliche Macht wird nur befristet errungen und durch verfassungsrechtliche Regelungen eingeschränkt. In sozialen Marktwirtschaften wird der Konflikt zwischen den sozialen Klassen und Schichten, zwischen den Arbeitgebern und Arbeitsnehmern durch regelmäßige Verhandlungen und Tarifvereinbarungen, durch Regeln für Arbeitskämpfe mittels Streiks und Aussperrungen, durch gesetzliche Bestimmungen über die Einstellung und Entlassung von abhängig Beschäftigten sowie von betrieblichen Insolvenzen in friedliche Bahnen gelenkt (Kißler in: Imbusch/Zoll 2010: 463-487). Sozialökonomische Macht wird also ebenfalls durch verfassungsrechtliche Regelungen eingeschränkt und unterliegt tarifrechtlichen, nur für bestimmte Fristen geltenden Bestimmungen, durch die für eine Weile sozialer Frieden hergestellt wird.

Demnach gilt es in jedem Einzelfalle zu klären, ob es sich bei einem Konflikt um einen lösbaren oder um einen strukturellen, regulierbaren Konflikt handelt, für den lediglich zeitlich begrenzte Konfliktlösungen angestrebt werden sollten.

3.2 Zivile und militärische Konfliktbearbeitung

Seit einigen Jahren setzt sich der Ausdruck Konfliktbearbeitung gegenüber dem älteren der Konfliktaustragung durch (Paffenholz 2010). Er hat den Vorteil, dass er die Veränderung des Konflikts andeutet, die bei seiner Bearbeitung stattfindet, während Konfliktaustragung lediglich auf die Mittel und Wege verweist, mit denen oder auf denen ein an sich gleich bleibender Konflikt so oder so zu einem Ende gebracht wird. Während früher eher dichotomisch über Konfliktaustragung gedacht wurde, also zwischen gesellschaftlicher und staatlicher, nongouvernementaler Konfliktbehandlung „von unten" und gouvernementaler „von oben" unterschieden wurde, hat sich in der jüngeren Konfliktbearbeitungsliteratur eine Dreiebenen-Denkweise durchgesetzt. Dabei wird zwischen einer unteren oder Basisebene (roots), d. h. der Bevölkerung selbst oder ihrer lokalen Repräsentanten, einer mittleren Ebene der Multiplikatoren und Vermittler zwischen Basis und Regierung und einer oberen Ebene der staatlichen, manchmal auch der gesellschaftlichen Entscheidungsträger (Elite) unterschieden (z. B. Lederach 1997: 94 f.).

Während die dyadische Gesellschafts- und Politikgliederung zum polarisierenden Denken in Antagonismen neigt, fördert das triadische Modell eher prozessuale und vermittelnde Vorstellungen, in denen auch komplementäre politische Aktivitäten von Akteuren auf drei oder mehr Ebenen einen größeren Stellenwert erhalten können. Revolutionäre Denkmuster, die das Regierungshandeln „von oben" durch unmittelbares Volkshandeln „von unten" mit gewaltsamen oder gewaltlosen Aktionsformen ablösen wollen, scheiden dabei meist aus. Im triadischen Denken bleibt hingegen meist für das Handeln auf der Regierungsebene aufgrund des staatlichen Monopols an legitimer Gewaltsamkeit die militärische Option neben der zivilen als ein Mittel zur Bewahrung oder Wiederherstellung des Friedens erhalten. Bewaffnete, gewaltsame Friedenspolitik von unten ist kein Thema der Friedens- und Konfliktforschung mehr wie noch in den Anfangszeiten der „kritischen Friedensforschung", die vereinzelt unter dem Einfluss marxistischer Theoreme vom gerechten Revolutionskrieg im Unterschied zum ungerechten Staatenkrieg und zum Regierungskrieg gegen das aufständische Volk bzw. die revoltierenden niederen sozialen Klassen standen (Krippendorff 1970: 22).

Der triadische Forschungsansatz erlaubt spezifische Eigenheiten der Akteure unterschiedlicher Ebenen und ihnen entsprechende Zeitspannen für erfolgversprechende Konflikttransformation herauszuarbeiten (Lederach 1997. 114 f.).

3.3 Frieden als Nichtkrieg („negativer Frieden") und Frieden als erstrebte Gesellschaftsordnung („positiver Frieden")

Seit Johan Galtungs wegweisendem Aufsatz über „Frieden, Friedensforschung und Gewalt" aus dem Jahre 1969 spielt die bis heute anhaltende Kontroverse über die Begriffe des „negativen" und des „positiven Friedens" eine wichtige Rolle. Dabei geht es nicht um einen negativ oder positiv zu bewertenden Frieden, sondern um eine Definition des Friedens durch eine Negation (Ablehnung und Abwesenheit von Krieg), also um das Verständnis von Frieden als Nichtkrieg, oder durch positive Bestimmungen (Frieden als Verwirklichung von sozialer Gerechtigkeit, Freiheit, Menschenrechten, Demokratie, Geschlechtergleichheit usw.). Allerdings wird auch der „positive Frieden" oft durch eine Negation definiert, nämlich als „Abwesenheit von personaler und struktureller Gewalt" (Galtung 1975: 32). In jedem Falle wird unter „positivem Frieden" mehr verstanden als die bloße Abwesenheit von Krieg. Über die Möglichkeiten, dieses „mehr" inhaltlich genauer zu bestimmen, gibt es ebenfalls recht unterschiedliche Erwägungen (Jahn und Brock in Sahm/Sapper/Weichsel 2006: 58-61, 104-110).

Eine Möglichkeit, die Bedeutung der Differenz zwischen Krieg und Nichtkrieg, die für Menschen in Kriegszeiten und unmittelbaren Nachkriegszeiten besonders evident ist, nicht zu verwischen, gleichzeitig aber auch die Kritik an menschenunwürdigen, tödlichen oder gar massenvernichtenden Formen des Nichtkrieges (Massenmord, Hungertod, Sklaverei usw.) in der Verweigerung der Bezeichnung Frieden für solche Zustände anzudeuten, besteht darin, die dichtomische Begrifflichkeit von Krieg und Frieden durch die Einführung eines Zwischenbegriffs aufzulösen, etwa Unfrieden (Jahn in Sahm/Sapper/Weichsel 2006: 58).

Schon Immanuel Kant lehnte 1795 den Ausdruck Frieden für einen „Waffenstillstand" ab, bei dem ein Frieden schon mit dem Vorbehalt geschlossen wird, demnächst wieder Krieg zur Revision des im Friedensvertrag beschlossenen Zustandes zu führen (Kant 1970: 196). Dieter Senghaas bezeichnete das nukleare Abschreckungssystem, in dem permanente Kriegsvorbereitung, Kriegsbereitschaft und Kriegsdrohung herrscht, als „organisierte Friedlosigkeit" (Senghaas 1981: 7). Der „Kalte Krieg" fand zwar nach dem Zweiten Weltkrieg statt, war auch kein Krieg, wenigstens nicht zwischen den Großmächten und nicht im Weltmaßstab, aber beruhte auf der ständigen Bereitschaft zum Krieg mit einer Politik „am Rande des Abgrunds" (John Foster Dulles). Ein solcher Unfrieden lässt sich näher als kriegsträchtiger Unfrieden charakterisieren.

Er ist von einem Unfrieden zu unterscheiden, der kaum kriegsträchtig ist, in dem aber beispielsweise die Menschen in großer Zahl „friedlich" verhungern, geknechtet und verelendet werden, ohne dass sie je in der Lage oder willens sind, sich zu einem Befreiungskrieg aufzuraffen. Unter Umständen wird solcher Unfrieden durch politischen und ökonomischen Druck von außen, durch Lernprozesse der herrschenden Eliten oder durch gewaltfreien Widerstand der mit staatlicher und nichtstaatlicher Gewalt Unterdrückten und unter „struktureller Gewalt" Leidenden überwunden. Unfrieden muss nicht in Krieg münden, sondern kann auch in authentischen Frieden übergeleitet werden. I n der Sowjetunion wurden „mitten im Frieden" der 1930er Jahre Millionen Menschen umgebracht, ohne dass dies zu einem neuen Bürgerkrieg nach dem der Jahre 1917-1922 führte. Der Nichtkrieg war zugleich Nichtfrieden, wenn man unter Frieden mehr als Nichtkrieg versteht.

3.4 Zum Verhältnis von Frieden und Sicherheit

Die Charta der Vereinten Nationen spricht von „Weltfrieden und internationaler Sicherheit" (international peace and security). Man spricht auch von einem sicheren oder gesicherten Frieden, aber nicht von einer friedlichen oder befriedeten Sicherheit. Frieden und Sicherheit sind nicht einfach zwei Aspekte derselben Sache. Sicherheit meint die Abwesenheit der Bedrohung erreichter Werte und auch die Fähigkeit, diese Bedrohung abwehren zu können (Gärtner 2008: 213). Zwar wurde der Begriff der Sicherheit und Sicherheitspolitik seit etwa zwei Jahrzehnten von vielen Autoren extrem ausgeweitet (z. B. soziale, wirtschaftliche, kulturelle, ökologische Sicherheit), um vor allem das militärische Sicherheitsverständnis auszuhebeln oder zumindest zu relativieren (Buzan/Wæver/Wilde 1998; Brock 2004). Allerdings hatten schon früher das Militär und militärisches Denken keinen Monopolanspruch auf den Sicherheitsbegriff (Gärtner 2008: 213-223). Der Begriff der inneren Sicherheit bezog sich auf polizeiliches Denken und Handeln, der der sozialen Sicherheit auf soziale Lebensverhältnisse. Die Adjektive machten dabei jedoch stets klar, dass es sich um Sicherheit in verschiedenen Lebenssphären handelte, die mit ganz unterschiedlichen Mitteln zu gewährleisten ist. Die eine Sicherheit und Sicherheitspolitik ist kaum durch eine andere Sicherheit und Politik kompensierbar.

In den internationalen Beziehungen meint Sicherheit insbesondere die militärische Fähigkeit, einen Angriff durch äußere, feindliche Streitkräfte abwehren zu können. Diese Fähigkeit schafft jedoch ein Sicherheitsdilemma (Herz 1950: 157), denn sie kann von einem anderen Staat gleichzeitig als eine Bedrohung, als eine Fähigkeit zu einem Angriffskrieg wahrgenommen werden. Sie kann durch Diplomatie, Wirtschafts-, Kultur-, Entspannungs- und Friedenspolitik, durch Verträge und vielfältige gesellschaftliche und politische Beziehungen untermauert werden. Aber der Kern von Sicherheitspolitik ist Militärpolitik inklusive Rüstungspolitik oder Verteidigungspolitik, die die militärische Abschreckungs- und damit im Notfalle auch die Verteidigungskriegsfähigkeit im Falle eines bewaffneten Angriffs auf die Existenz der politischen Ordnung, des Staates oder gar der Bevölkerung gewährleisten soll. Zwar werden in politischer Sprache heutzutage viele kriegerische Handlungen auch Friedensaktionen genannt, aber in wissenschaftlich-analytischer Hinsicht ist unstrittig, dass militärische Kampfhandlungen zur

Wiederherstellung eines bisherigen oder gar zur Erzeugung eines neuen Friedenszustandes kein friedliches Verhalten darstellt, sondern Krieg ist. Versteht man unter Friedenspolitik eine Politik mit friedlichen Mitteln, also nicht eine Politik, die einen Frieden durch Krieg wiederherstellen oder erzeugen will, dann gibt es einen substantiellen Unterschied zwischen Friedenspolitik und Sicherheitspolitik, auch wenn die Zielsetzung dieselbe sein kann. (Militärische) Sicherheitspolitik muss die Kriegs-, d.h. die militärische Verteidigungsoption und damit die Rüstung zur materiellen und geistigen Vorbereitung auf den Fall eines Verteidigungskrieges in Betracht ziehen. Friedenspolitik hingegen konzentriert sich auf das Vermeiden eines Krieges durch Konfliktlösungen und Konfliktregulierungen unter Zuhilfenahme von diplomatischen und anderen friedlichen, zivilen Mitteln und Anstrengungen. In militärischer Hinsicht ist Friedenspolitik auf wechselseitige und gemeinsame Sicherheit orientiert, nicht auf die Maximierung der eigenen staatlichen (nationalen) Sicherheit. Somit können Friedens- und Sicherheitspolitik gelegentlich in Widerstreit geraten, obwohl sie dieselben Ziele haben, weil es keinen Frieden ohne Sicherheit vor Angriffskrieg geben kann und keine vollständige und dauerhafte Sicherheit ohne Frieden.

Versagt Friedenspolitik, dann muss militärische Sicherheitspolitik vorübergehend (Verteidigungs-)Kriegspolitik werden, soll nicht einer Kapitulationspolitik, damit der Auflösung der Sicherheit der eigenen bestehenden politischen Ordnung und des eigenen Staates „um des Friedens willens" der Vorzug gegeben werden. Zwar wird versucht mit dem Konzept der „sozialen Verteidigung" (civilian defense), d. h. der nichtmilitärischen Verteidigung gegen Aggression eine Alternative zur militärischen Verteidigung zu propagieren, aber sie setzt explizit die Hinnahme der Okkupation des eigenen Landes durch fremde Truppen voraus, um anschließend gegen die Okkupanten zivilen, gewaltlosen oder gewaltfreien Widerstand auszuüben. Die Sicherheit der territorialen Integrität und der politischen Ordnung im sich gewaltlos verteidigenden Land ist zumindest vorübergehend zugunsten zivilen Widerstands und unbedingter Friedenspolitik aufgehoben (Ebert 1981, Band 1: 16-18). Eine Verteidigungskriegspolitik hat demgegenüber zwar das Ziel eines rasch wieder herzustellenden Friedens, ist aber keine Friedenspolitik im Sinne einer Politik mit ausschließlich friedlichen Mitteln mehr. Die Wiederherstellung des Friedens oder die Erzeugung eines dauerhafteren, „gerechteren" Friedens kann dann zwar Sinn und Zweck einer Kriegszielpolitik sein, kann aber nicht mehr mit ausschließlich friedlichen Mitteln verfochten werden.

Somit ergeben sich zahlreiche Gemeinsamkeiten und Überschneidungen zwischen (militärischer) Sicherheits- und Friedensforschung, aber beide sind nicht deckungsgleich. Ihren Antinomien müssen geistig-wissenschaftlich bewusst bleiben und öffentlich reflektiert werden, dürfen nicht in falschen Harmonisierungen um die ernsthaften Probleme und Defizite sowie die Vor- und Nachteile der einen wie der anderen Denkweise unter den Tisch gekehrt werden.

Solange kein Krieg herrscht, können Friedens- und Sicherheitspolitik durchaus komplementär entsprechend einer alten Formel „Verteidigung plus Entspannung gleich Frieden" betrieben werden, was nicht Konkurrenz um Ressourcen und Prioritäten ausschließt. Traditionell hat Sicherheitspolitik Vorrang vor Friedenspolitik, zwar nicht in der Rhetorik, wohl aber in der Bereitstellung finanzieller und personeller Ressourcen. Das wird besonders deutlich bei der Involvierung von fremden Staaten in Konflikte in Bürgerkriegsgesellschaften, in denen die fremden Staaten das Interesse der Herstellung eines bestimmten Friedens verfolgen. Dabei übertreffen die militärischen Ausgaben diejenigen für zivile Aufgaben um ein Vielfaches. Allerdings setzt sich seit den 1990er Jahren die Erkenntnis in den Vereinten Nationen durch, dass die bloße militärische und politische Beendigung von Bürgerkriegen nicht ausreicht, sondern hinterher eine internationale Friedenskonsolidierung (*post-conflict peacebuilding*) erforderlich ist, bei denen zivile Friedensfachkräfte einzusetzen sind (Drews 2001: 151-159; Ferdowsi/Matthies 2003: 36).

Bei zahlreichen internationalisierten Bürgerkriegen zeigt sich, dass Staaten zwar zahlreiche Truppen zum Auslandseinsatz zur raschen Verfügung haben, obwohl viele Länder einige Sektoren ihrer militärischen Strukturen noch unzureichend von der Landesverteidigung auf Auslandseinsätze im Dienste der Vereinten Nationen oder regionaler Organisationen und Militärbündnisse umgestellt haben, dass sie sich aber unvergleichlich schwerer tun, personelle und finanzielle Ressourcen für zivile Einsätze zur Verhinderung des Wiederaufflammens von Kriegen oder gar zur Kriegsprävention in brisanten Krisenregionen zur Verfügung zu stellen. Das hängt einerseits damit zusammen, dass bisher kaum Friedensfachkräfte und nicht einmal Polizisten in größerer Zahl zur jederzeit abrufbaren Disposition wie Soldaten gehalten werden und auch wenig sinnvoll in gleicher Form (in Kasernen oder anderen Ausbildungs- und Übungsstätten) gehalten werden können, sondern aus ihrer bisherigen Berufstätigkeit abgerufen werden müssen, aber auch damit, dass Gewalt und Krieg gesellschaftlich ein viel größeres Eingreifverlangen erzeugen als bloße Krisen und angespannte Konflikte mit ungewissem Handlungsverlauf in der nächsten Zukunft. Sehr viele Krisen und Konflikte lösen sich „von selbst", also infolge von raschen gewaltsamen Entscheidungen oder von Friedensanstrengungen der beteiligten Konfliktparteien, ohne dass die Vereinten Nationen eingreifen wollen oder können. Zudem lässt sich der Erfolg von ziviler Friedensarbeit und konstruktiver Konfliktbearbeitung weitaus schwieriger messen und öffentlich rechtfertigen als die tatsächlichen oder vermeintlichen Effekte von militärischer Intervention. Dennoch hat sich mit der zivilen Konfliktbearbeitung und dem Einsatz von polizeilichen und anderen zivilen Friedensfachkräften nicht nur ein viel versprechendes neues Aufgabengebiet der internationalen Politik (Evers 2000), sondern auch der Friedens- und Konfliktforschung ergeben.

3.5 Zeiträumlich begrenzter und dauerhafter Weltfrieden

Seit Zehntausenden Jahren ist Frieden stets zeitlich und räumlich begrenzt gewesen. Frieden auf der ganzen Welt und das zudem lang andauernd hat es noch nie seit der Erfindung und Ausbreitung des Krieges als menschlicher Konfliktaustragungsform gegeben. Es muss auch letztendlich ungewiss bleiben, ob es je einen dauerhaften Weltfrieden geben wird, selbst wenn historische Annäherungen an ihn zu beobachten sind und in Zukunft vermehrt und gefestigt werden könnten. Insofern scheint Frieden immer nur Zwischenkriegszeit zu sein. Der nächste Krieg muss dabei nicht immer nach dem Ende des letzten gewollt und beabsichtigt werden. Empirisch werden sogar die meisten Friedensverträge ausdrücklich auf „ewige" oder zumindest auf unbefristete Zeit geschlossen (Fisch 1979: 335-340). Krieg entwickelt sich aus historisch ungelösten alten Konflikten oder aus neu entstehenden.

Diese allgemeine Aussage bedarf der Präzisierung und Differenzierung. Empirisch lassen sich durchaus Räume und Zeiten ohne Krieg feststellen. Manche menschlichen Großgruppen und Konfliktparteien haben in weit zurückliegender Vergangenheit Krieg miteinander geführt, sind aber seither von Krieg verschont geblieben und werden es aller Voraussicht nach auch noch lange in Zukunft bleiben. Dennoch gibt es keine absolute Sicherheit, dass seit Jahrzehnten und Jahrhunderten oder noch länger miteinander keine Kriege miteinander führenden Menschengruppen solche auch in aller Zukunft unterlassen werden, obwohl eine Kehrtwende recht unwahrscheinlich bleibt. Insofern ist es berechtigt nach Friedensräumen oder Friedenszonen Ausschau zu halten, die lang anhaltenden Bestand haben oder hatten, und zu erforschen, was manche Menschengruppen befähigt, über mehrere Generationen hinweg miteinander in Frieden zu leben, ohne dass an diesen Menschen Symptome einer krankhaften Verletzung ihrer vielfach noch immer unterstellten Natur als kriegsgeneigten Wesen zu erkennen ist. Die Fähigkeit von manchen Völkern, über mehrere Generationen hinweg friedlich miteinander zu leben, ohne sittlich zu degenerieren, wie in früheren Zeiten zuweilen befürchtet wurde (Jahn in Sahm/Sapper/Weichsel 2006: 72), unterstreicht die Interpretation des Friedens wie des Krieges als gesellschaftliche oder kulturelle Institutionen, nicht als natürliche, im Wesen des Menschen verankerte und unveränderliche Eigenheiten. Sind aber Krieg und Frieden gesellschaftlich-kulturelle Phänomene, dann muss auch jede Stiftung eines „ewigen", andauernden Weltfriedens unter dem Vorbehalt stehen, dass Menschen auch nach einem zehntausend Jahre anhaltenden Weltfrieden immer noch auf die Idee kommen können, doch noch einmal untereinander Krieg zu führen und diese Idee auch in die Tat umsetzen können. Trotz dieses unabdingbaren

Vorbehalts im Sinne Kantscher Geschichts- und Menschenskepsis (Kant 1970: 251) macht es Sinn, alle Möglichkeiten eines lang andauernden Weltfriedens zu erforschen und sich nicht damit abzufinden, dass die „Abschaffung des Krieges offenbar unerreichbar ist" (Craig/ Alexander 1984: 298). Es ist unwahrscheinlich, dass der Weltfrieden eines schönes Tages „ausbricht" und dann zu einem Weltfeiertag gekürt werden kann, sondern viel spricht dafür, dass zunächst regional begrenzte Friedensräume oder Friedenszonen (Senghaas in Matthies 1997: 46-64) und lang anhaltende Friedenszeitalter sich schrittweise ausdehnen, damit sich auch die Erkenntnisse von Bedingungen lang anhaltenden Friedens verbreiten, und zwar auch unter den Menschen, die noch unter Krieg und krassem kriegsträchtigem oder elendem und menschenunwürdigen Unfrieden leiden.

Bisher ist es unklar, ob sich empirisch in den letzten Jahrhunderten ein Fortschritt zum dauerhaften Weltfrieden feststellen lässt, sei es im Sinne einer relativen Verringerung der Anzahl von Kriegen zwischen oder innerhalb unabhängigen politischen Einheiten bzw. Staaten (Richardson 1960: 136, 141) oder im Sinne einer relativen Abnahme des Anteils der Bevölkerung, die in Kriegen getötet wird. Für die ersten drei Viertel des 20. Jahrhunderts wurde geschätzt, dass vier Prozent aller Menschen durch Krieg direkt zu Tode kamen und etwa zehn Prozent indirekt (Boulding 1978: 28). Zwar wird seit 1992 eine Abnahme der Zahl der Kriege beobachtet (Schreiber 2010: 14), aber dies reicht noch nicht aus, einen langanhaltenden Trend zu begründen.

4 Geschichtliche Entwicklungsetappen des Krieges und des Friedens

Die Vorstellungen von der Geschichte von Krieg und Frieden sind meist in allgemeine geschichts- und gesellschaftstheoretische Vorstellungen von der Entwicklung der Menschheit eingebettet und werden entscheidend vom jeweiligen Menschenbild geprägt. Das meist vorherrschende Unwissen über die Anfänge der Menschheitsgeschichte wird dabei durch einfache Glaubenssätze über den guten, an sich friedfertigen oder aber über den bösen, barbarischen, d. h. roh-gewalttätigen Charakter des Menschen, über sein unveränderliches oder sich historisch wandelndes Wesen oder seine Natur bestimmt. Hinzu kommen grundsätzliche pessimistische oder optimistische Annahmen über den Verlauf der Menschheitsgeschichte, über menschlichen Fortschritt oder über die Unveränderbarkeit des menschlichen Wesens und seiner Natur, sowohl in der Vergangenheit als auch in der Zukunft.

Erst in jüngerer Zeit begann empirische Forschung philosophische Spekulationen über den Ursprung von Krieg und Frieden zu verdrängen. Dazu tragen insbesondere die Paläontologie, die Archäologie, die Primatenforschung, die Ethologie, die Ethnologie, die Höhlenforschung und die Evolutionsbiologie bei.

4.1 Urfrieden oder Urkrieg

Entgegen älteren Vorstellungen (Konrad Lorenz) von einer allgemeinen innerartlichen Tötungshemmung bei den Tieren (Paul 1998: 47) ist es heute unstrittig, dass es zwar zahlreiche nichttödliche Kampfformen bei sehr vielen Tierarten gibt, mit denen um Rangpositionen in Lebensverbänden und um Reviere für sie gerungen wird und dass bei einigen Tierarten auch das beabsichtigte, also nicht nur durch einen Unfall bedingte Töten von Artgenossen vorkommt. Dieses Töten, insbesondere von Kindern entmachteter Gruppenchefs, wird heute von Evolutionsbiologen auf das Bestreben von Individuen zurückgeführt, das Überleben der eigenen Gene in der Generationenfolge zu gewährleisten (Vogel 1989; Paul 1998: 59).

Bei den Menschenaffen wurde das Töten von Artgenossen nach einer langen Zeit des Beobachtens von nichttödlicher Aggression erstmals ab 1974 beobachtet, und zwar in Tansania von der Schimpansenforscherin Jane Goodall. Sie führte die von ihr beobachteten Fälle des Tötens und sogar Auffressens von Kindern anderer Mütter in der eigenen sozialen Gruppe auf psychische Anomalien einzelner, in ihrem Sozialverhalten gestörter Schimpansen zurück, die sie über Jahre hinweg beobachtet hatte (1991: 44-54, 97). In derselben Zeit beobachtete sie auch gewaltsame Überfälle von mehreren männlichen Mitgliedern eines Lebensverbandes auf vereinzelte Mitglieder eines Nachbarverbandes, der sich von dem ersteren unter Inanspruchnahme eines Teils seines Territoriums, in dem sie ihre Nahrung suchen, separiert hatte. Die Überfälle ohne Waffen (Knüppel usw.) waren derart brutal, dass die Überfallenen einige Tage danach an ihren Verletzungen starben, bis im Laufe von vier Jahren alle männlichen und die meisten weiblichen Mitglieder der separatistischen Gruppe (10 Erwachsene) vernichtet waren. Goodall bezeichnete diese Akte als „vierjährigen Krieg" (1991: 124) und seither wird in den Medien oft die These vom Krieg unter Schimpansen vertreten.

Goodall und andere haben jedoch keine gewaltsamen Gruppenzusammenstöße zwischen Schimpansen beobachtet (Paul 1998: 64). Trafen benachbarte Gruppen in einem zwischen beiden beanspruchten Grenzgebiet aufeinander, beschränkten sie sich auf Drohgesten und Imponiergehabe und die schwächere Gruppe wich zurück. Die bei Schimpansen, bisher aber nicht bei Bonobos beobachteten, offenbar systematisch beabsichtigten tödlichen Attacken sind eher als eine kollektive Gewalttat gegen einzelne (bzw. eine Mutter mit Kind) mit Todesfolge zu bezeichnen, denn als Krieg. Sie ähneln eher dem Mord unter Menschen, was eine an sich unzulässige menschliche Übertragung von menschlichen ethischen

Normen ist. Die bislang beobachteten kollektiven Kämpfe zwischen Gruppen von Menschenaffen im Grenzgebiet von benachbarten Revieren wurden stets in der Form von nichttödlichen Auseinandersetzungen, vor allem mit Drohgebärden, ausgeführt, wobei auch „Waffen" (Knüppel, Steine) zum Einsatz kamen, während bei den tödlichen Attacken nur Zähne, Arme, Füße und das erdrückende Körpergewicht benutzt wurden. Aus den bisherigen Forschungen über das Primatenverhalten lässt sich jedenfalls nicht schließen, dass es Krieg schon bei den vermuteten gemeinsamen Ahnen von Menschen und Menschenaffen und bei den frühen Menschenarten gab.

Auch die spärlichen Funde von Gebeinen vor- und frühmenschlicher Hominiden, die Zeichen von Gewalteinwirkung zeigen, reichen nicht aus, das Töten im Kampf von Gruppen zu beweisen. Die ersten Dokumente von Krieg stellen Höhlenzeichnungen in Südafrika (Anati 1997: 35) und Spanien (Morella la Vella) aus der Altsteinzeit dar, in denen zwei Gruppen von mit Pfeil und Bogen bewaffneten Menschen gegeneinander dargestellt werden (Eibl-Eibesfeldt 1975: 151; Guilaine/Zammit 2005: 110). Diese über 10.000 Jahre alten Zeugnisse reichen also in eine Zeit weit vor der ersten Gründung von Staaten als komplexen Sozialgebilden oder vor der Entstehung des Privateigentums an Produktionsmitteln zurück, also vor Ereignissen, die früher viele Autoren mit der Entstehung von Kriegen in Verbindung gebracht hatten (Pilz/Moesch 1975: 161; Förster 1977: 14; Krippendorff 1985: 39). Ethnologische Studien wie die von Margaret Mead (1965, 1966), die die Existenz von friedfertigen, aggressionsarmen Völkern nachweisen wollten, stießen auf erhebliche methodologische Zweifel und Einwände (Eibl-Eibesfeldt 1975: 149-202; Freeman 1983).

In den letzten Jahren erbrachten evolutionsbiologische und anthropologische Studien über einige noch in recht ursprünglichen Kulturen lebende Kleinvölker auf den Andamanen eine neue überzeugende Hypothese über den Ursprung des Krieges (Kelly 2000). Nach diesen Beobachtungen gibt es noch einige ursprüngliche Völker (früher genannt: wilde, primitive, Naturvölker, obwohl sie bereits eine komplexe Kultur besitzen oder besaßen), in denen das absichtliche oder unbeabsichtigte, fahrlässige Töten von Individuen einer Gruppe zwar eine tödliche Vergeltung durch Angehörige des Toten auslösen kann, aber keine Reaktionen von anderen Mitgliedern der Gruppe hervorruft. Bei anderen Völkern hingegen wurde der Überfall auf einzelne Mitglieder einer Gruppe als Angriff auf die ganze Gruppe interpretiert, der durch eine Gruppenvergeltung gesühnt werden muss. Die neue Hypothese besagt, dass Krieg die Entstehung von Gemeinbewusstsein in Gruppen voraussetzt, das eine Gewalthandlung gegen ein Gruppenmitglied als einen aggressiven Akt gegen die Gruppe, nicht nur gegen das betroffene Individuum und allenfalls seine engsten Verwandten (Mutter, Kind, Geschwister) begreifen kann. Bei den Tötungsereignissen unter Schimpansen fühlt sich die Schimpansengruppe des getöteten Individuums nicht zu einer Reaktion auf den Tod eines Gruppenmitglieds veranlasst, allenfalls die Kinder, Eltern und Geschwister.

Diese empirischen Befunde legen es nahe, den Krieg als eine gesellschaftliche Institution zu begreifen, die es noch nicht bei den Tieren und auch den Menschenaffen gibt, und die es also auch nicht bei den Vorfahren des Menschen und bei den frühen Menschen gab. Wohl aber gab es wohl von Anfang der Menschheitsgeschichte das Töten des Menschen durch den Menschen in individuellen und familiären Beziehungen. Aber erst in einem relativ hohen gesellschaftlich-kulturellen Entwicklungsstadium der Geschichte der Menschheit und der menschlichen geistigen Fähigkeiten wurde der Krieg als eine Konfliktform zwischen Gemeinwesen „erfunden". Er hat sich vermutlich allmählich aus der Blutrache, der sittlich gebotenen Todesstrafe für als ungerechtfertigt geltende Gewalttaten (Raub, Mord) entwickelt. Diese setzte wiederum die kulturelle Entwicklung von Moral und die Unterscheidung von illegitimen (Mord) und legitimen Töten (Todesstrafe, Blutrache) voraus, die es bei Menschenaffen offenbar noch nicht gibt.

In Hinblick auf die Geschichte der Menschheit von etwa 2,5 Millionen Jahren nach dem heutigen Stand der Forschung ist der Krieg also eine noch junge gesellschaftliche Institution von ursprünglichen Stammesgesellschaften; sie ist aber um Tausende von Jahren älter als die Entstehung von Staaten, Schriftkulturen und der sozialen Differenzierung in die Besitzer von Produktionsmitteln und Besitzlose, in Krieger und in Waffenlose. Der Krieg als gesellschaftliche Institution ist damit auch weitaus älter als diejenige der Sklaverei, deren Erfindung wohl damit zusammenhängt, dass man lernte, besiegte Kriegsgegner, ihre Frauen und Kinder nicht mehr zu töten oder als gleichberechtigte Mitglieder in den eigenen Stamm aufzunehmen, sondern sie „produktiv" zu verwenden (Everett 1998).

Dieser Erkenntnisstand besagt, dass es Krieg weder von Anfang an in der Menschheitsgeschichte gab, noch dass ursprünglich Frieden zwischen den Menschen herrschte; vielmehr herrschte kollektive Gleichgültigkeit über das Schicksal von solchen Mitgliedern im Lebensverband, die von anderen Menschen innerhalb oder außerhalb der Gruppe getötet wurden. Daraus folgt, dass heute dauerhafter Weltfrieden nicht mehr als Rückkehr zu einem ursprünglichen Zustand der Menschheit und der menschlichen Natur vorstellbar ist, sondern nur noch als erstmaliges Ereignis in der zukünftigen Geschichte und als Ergebnis eines willentlichen, kulturellen Aktes der menschlichen Gesellschaft. Mit anderen Worten, Frieden muss gestiftet werden, wie sich Immanuel Kant ausdrückte (1970: 203).

Über Zehntausende von Jahren hat sich das Kriegswesen nur sehr langsam entwickelt im Zusammenhang mit der gesamten Lebens- und Produktionsweise der menschlichen Gesellschaft. Schon sehr früh fand eine technologische Trennung zwischen Jagdwaffen zum Erbeuten von Tieren und Kriegswaffen zum Töten von Menschen statt (Eibl-Eibesfeldt 1975: 152). Technologische Innovationen bei den Produktionsmitteln korrespondierten im Großen und Ganzen stets mit solchen in den Destruktionsmitteln, Veränderungen in der Sozialstruktur mit solchen in der Struktur der bewaffneten Verbände (Fogarty 2000; Howard 2010).

Schon bei einem recht hohen Entwicklungsstand der menschlichen Gesellschaft und Kultur fand eine Trennung in gesellschaftliche Klassen mit lebenslänglich fixierten gesellschaftlichen Funktionen statt, wobei bis heute umstritten ist, inwieweit die friedliche Arbeitsteilung innerhalb von Großgruppen oder die kriegerische Unterwerfung von externen Gruppen eine differenzierte Sozialstruktur und Siedlungsweise (Nomaden, Sesshafte, Dörfer, Städte) hervorbrachten. Dazu gehört die Herausbildung von Kriegern als privilegierten Waffenbesitzern gegenüber den meist untergeordneten Waffenlosen (außer den Priestern), schließlich die Entstehung von Staaten als besonderen Herrschaftsverbänden mit abgesonderten Herrschaftseliten und Herrschaftsapparaten zur Verwaltung und zur Gewaltanwendung nach innen (Polizei) und nach außen (Krieger oder Militär).

Zu den ältesten schriftlichen Zeugnissen der Menschheit gehören Berichte über Kriege und Friedensschlüsse. Als erster dokumentierter Friedensvertrag gilt der Ägyptisch-Hethitische Friedensvertrag von 1259 v. Chr. Schon sehr früh wird es zu einer Unterscheidung zwischen internen bewaffneten Auseinandersetzungen innerhalb eines Stammes oder Staates und externen gegen andere Stämme und Staaten gegeben haben, wobei es unklar ist, ob und wann die internen Kriege gemäßigter oder erbarmungsloser als die externen waren. Eine dritte Art von Kriegen spielte praktisch bis ins 20. Jahrhundert eine wichtige Rolle, nämlich die zwischen kulturell verwandten im Unterschied zu denen mit äußerst fremden Herrschaftsgebilden. Innerhalb von Kulturkreisen oder Zivilisationen ohne gemeinsame Herrschaftsgewalt wie etwa der griechischen vor Alexander dem Großen oder lange Zeit auch der chinesischen entstanden schon früh bestimmte Normen, die das Kriegsgeschehen untereinander zu regulieren und zu mäßigen trachteten, die für das Kriegsverhalten gegenüber gänzlich fremden, barbarischen nicht galten. Die Barbaren, d. h. diejenigen, die in zweierlei Hinsicht als roh galten, zum einen als besonders gewalttätig und grausam, zum anderen aber vor allem auch als unentwickelt und unkultiviert, sich in keiner „menschlichen", d. h. verständlichen Weise artikulationsfähig. Ihren Angehörigen wurde oft das Menschsein abgesprochen; mit vermeintlichen Bestien pflegte man bestialisch umzugehen. Auch christliche oder islamische Staaten führten untereinander Kriege durch manche sittliche und rechtliche Normen gemäßigtere Kriege als gegeneinander und gegen andere „Ungläubige".

Erst mit der Annäherung und Angleichung der regionalen Zivilisationen und ihrer Vereinigung zu einer Weltzivilisation mit einem gemeinsamen Völkerrecht sowie mit der Überwindung des Kolonialismus schwand im Prinzip die Differenz zwischen Kriegen innerhalb einer regionalen Zivilisation und zwischen Herrschaftsgebilden verschiedener Kulturkreise.

Das eingehende Studium der Entwicklung des Kriegswesens (z. B. Keegan 1993; Creveld 2004) gehört nicht zu den üblichen Aufgaben der Friedens- und Konfliktforschung, sondern wird eher in der allgemeinen Geschichtswissenschaft, in der Militärwissenschaft und in den Strategischen Studien betrieben.

4.2 Staatenkriege und Bürgerkriege im Westfälischen System

In Tausenden von Jahren der Kriegsgeschichte (Wright 1965: 636-650) waren die Friedenshoffnungen lange an die Etablierung universaler Herrschaft geknüpft. Im Dreißigjährigen Krieg von 1618-1648 brach endgültig der universale Herrschaftsanspruch des christlich-katholischen Papst- und Kaisertums zusammen und etablierte sich auch in der Mitte Europas ein System von Territorialstaaten, das bereits seit Jahrhunderten an den Rändern Europas im Entstehen begriffen war. Die Erringung territorialstaatlicher Souveränität, d. h. der *suprema potestas*, der höchsten gesetzgeberischen, richterlichen und exekutiven Gewalt in einem Flächenstaat durch einen Fürsten oder seltener durch ein Patriziat, richtete sich nicht nur gegen den universalen, übergeordneten Herrschaftsanspruch des Kaisers und des Papstes bzw. des Sultans und des Kalifen, sondern vor allem auch gegen die partikularen Herrschaftsansprüche innerhalb des Territoriums. Die Erringung des staatlichen Monopols an physischer Gewaltsamkeit beseitigte in einem jahrhundertelangen Prozess das Fehderecht und jegliches andere Recht, seine Rechtsvorstellungen mit eigener Gewalt (Blutrache, Duell) durchzusetzen.

Während der innerstaatliche Frieden durch die absolute Fürstengewalt gesichert werden sollte, erlaubte das Souveränitätsprinzip, nach dem Gutdünken des Fürsten zum Wohl und im Interesse des eigenen Staates, Krieg gegen andere Staaten zu führen. Bewaffneter Aufruhr, Revolte, Revolution wurden rechtlich und sittlich geächtet, während im zwischenstaatlichen Krieg höchster Ruhm und großes Ansehen errungen werden konnte. Ökonomische Interessen und sittliche Beweggründe veranlassten dabei eine allmähliche Hegung des Krieges (Münkler 2004: 116-148), d. h. eine Begrenzung der Kriegsführung und ihre Unterwerfung unter gewisse Regeln eines Kriegsrechts, das versuchte, Beginn und Ende eines Krieges zu formalisieren, die Kampfhandlungen auf ein bestimmtes Schlachtfeld und bestimmte Zeiten einzuschränken, die Kriegsziele zu mäßigen und die eigenen wie die fremden Truppen sowie die Zivilbevölkerung weitgehend zu schonen. Zwar wurde und wird das Recht im Kriege besonders häufig gebrochen, dennoch wurde im Zeitalter des gehegten Staatenkriegs das Verhalten im Krieg wesentlich humaner im Vergleich zum vorausgehenden Zeitalter der Religionskriege oder dem nachfolgenden Zeitalter der sozialen und politischen Revolutionskriege.

In wenig arbeitsteiligen Gesellschaften war der Krieg Angelegenheit aller Männer, nur in Ausnahmefällen sind auch Frauen als Kriegerinnen aktiv gewesen (van Creveld 2001). Soziales Privileg wird das Kriegführen ebenso wie die Verschonung vom Kriegsdienst erst in komplexeren Gesellschaften. In manchen höheren Herrschaftspositionen (z. B. in manchen Priesterrängen) wird der Waffengebrauch sozial unüblich oder gar ausgeschlossen. Vor allem aber sind es Sklaven und Unfreie, die keine Waffen tragen dürfen bzw. nur im streng reglementierten Rahmen benutzen dürfen. Wohl in den meisten komplexeren Gesellschaftsformationen der Geschichte vor der Französischen Revolution galt, dass der rechtlich und ökonomisch freie Mensch Mann und Krieger ist. Erst der ökonomisch und manchmal rechtlich ganz oder teilweise unfreie Mensch wird zum Söldner und Soldaten, der für seinen Kriegsdienst einen Sold erhält und seine Waffen nicht selbst herstellt oder kauft. Der Krieger kämpft für die Angelegenheiten seiner Gemeinschaft und seiner selbst, der Söldner für seinen Herrn.

Charakter, Austragungsformen und Legitimationsweisen des modernen Krieges haben sich seit der Französischen Revolution und vor allem seit dem Beginn der rüstungsindustriellen Revolution im 19. Jahrhundert mehrmals grundlegend verändert. So sind es sowohl die gesellschaftspolitischen Umwälzungen als auch die technischen Innovationen in der Rüstungsindustrie, die bei einer

Untersuchung der Entwicklung des Kriegswesens besondere Beachtung finden müssen.

Das Prinzip der Volkssouveränität und die politische Massenmobilisierung haben den Krieg zur Angelegenheit des Volkes gemacht und somit die Einführung des allgemeinen Wehrrechts wie auch der Wehrpflicht herbeigeführt. Volksheere lösten die Söldnerheere ab. Die nationale Identifikation mit Kriegszielen begünstigte die Barbarisierung der Kriegsführung und wiederholte auch die Aufhebung der Unterscheidung zwischen Kriegern (Kombattanten) und Zivilisten (Nonkombattanten), vor allem im Partisanenkrieg. Die in den Jahrhunderten zuvor erreichte rechtliche, politische und gesellschaftliche Hegung des Krieges, wie unvollkommen sie auch in der Praxis oft war, ging in der „Demokratisierung" oder besser Demotisierung (Volksbeteiligung) des Krieges weitgehend wieder unter. Dabei verwischten sich oft die Grenzen zwischen Krieg und Massen- und Völkermord. Auch die soziale Privilegierung alter Kriegerkasten wich tendenziell der gesellschaftlichen Öffnung nicht nur des Soldatentums, sondern auch des Offiziersberufes für alle sozialen Schichten, vor allem nach sozialen und nationalen Revolutionen. Das Soldatentum stellte jedoch bald in berufsständischer Form wieder her, da das moderne Kriegswesen jahrelanger professioneller Schulung und Übung von Spezialisten bedarf, also der gesellschaftlichen und politischen Nivellierung entgegenwirkt. Die Armee und die Kriegsmarine auf der Basis allgemeiner Wehrpflicht werden demnach selbst in vielen demokratischen Ländern wieder durch Berufsstreitkräfte abgelöst.

Die moderne Entgrenzung des Krieges hat räumliche, zeitliche, rechtliche und soziale Dimensionen. Die Begrenzung des Kriegsgeschehens auf ein eng beschränktes Schlachtfeld entfällt, der Feind wird dort bekämpft, wo man ihn in schwacher Verfassung treffen kann, tendenziell also überall in Feindesland. Der Kriegsschauplatz wird ubiquitär.

Sind die Kriegsparteien völlig ungleich militärisch gerüstet, so entstehen asymmetrische Kriege, in den die Kriegsparteien mit völlig verschiedenen Taktiken, Strategien und Waffensystemen operieren. Dies gilt vor allem für Bürgerkriege und internationale Interventionskriege, galt aber auch schon früher für viele Partisanen- und Kolonialkriege, so dass die populär gewordene Bezeichnung „neue Kriege" (Kaldor 2000: 7-25; Münkler 2002) nicht recht überzeugend ist.

Findet der Krieg nicht mehr ausschließlich auf einem Schlachtfeld statt, so beginnt und endet er auch nicht mit geregelten Schlachten. Ein Krieg kommt nicht notwendig zu einem Ende, wenn Armeen eine Niederlage erlitten haben, nicht einmal, wenn eine Hauptstadt erobert ist. Anfang und Ende eines Krieges können in einzelne bewaffnete Aktionen und kriegerische Handlungen aufgehen. Krieg ist tendenziell kein fest umrissener Rechtszustand, der mit einer Kriegserklärung eröffnet und einem Waffenstillstand und einem anschließenden Friedensvertrag beendet wird und in dem ein eigenes Kriegsrecht gilt, das sich vom Friedensrecht unterscheidet und das unter anderem die Formen legitimen Tötens reguliert und sie dadurch vom kriminellen Morden unterscheidet.

Entsprechend der herausragenden Rolle des Staates in der internationalen Gesellschaft ist die wichtigste Unterscheidung unter den Kriegen diejenige zwischen Bürgerkriegen und Staatenkriegen. Spricht man jedoch von Krieg schlechthin, so meint man gewöhnlich nur den Staatenkrieg. Im 20. Jahrhundert sind die klassischen zwischenstaatlichen Kriege zur bloßen Eroberung von Territorium, von Bevölkerung und von wirtschaftlichen Reichtümern und Potentialen recht selten geworden. Die meisten Kriege haben seit der Amerikanischen und Französischen Revolution einen transnationalen gesellschaftspolitischen Aspekt, der zumindest bei der Legitimation, wenn auch vielleicht nicht immer bei der Motivation des Krieges eine zentrale Rolle spielt. Mit dem Sieg der Westmächte und der Sowjetunion über Deutschland, Italien und Japan im Zweiten Weltkrieg gingen die faschistischen, national-extremistischen Regime unter und erhielten die liberal-demokratischen und kommunistischen Regime Auftrieb. Während des Ost-West-Konflikts hatten fast alle lokalen und regionalen Kriege eine gesellschaftspolitische Dimension. Dadurch erhielten zwischenstaatliche Kriege auch Elemente eines Bürgerkrieges und Bürgerkriege werden häufig internationalisiert. Hierbei neigten Staaten dazu, mit politischen und militärischen Mitteln, z. B. mit potentiell kriegsentscheidenden intensiven Waffenlieferungen, nicht selten auch mit eigenen Truppen Partei zu ergreifen für eine der Bürgerkriegsparteien.

Während des Ost-West-Konflikts sprach man deshalb häufig von Stellvertreterkriegen, in denen lokale Kriegsparteien durch ihren Sieg zur Verschiebung der Kräfteverhältnisse zwischen den Weltmächten beitragen sollten. Die Wirklichkeit war jedoch komplizierter. Lokale Bürgerkriegsparteien nutzten auch ihrerseits die Weltmächtekonkurrenz für ihre gesellschaftspolitischen und nationalen Interessen.

Neben den Staaten- und Bürgerkriegen spielten seit dem Ende des 18. bis in die zweite Hälfte des 20. Jahrhunderts auch noch eine dritte Kategorie von Kriegen eine Rolle: die Dekolonisationskriege. Formal sind sie zwar innerstaatliche Kriege gewesen, weshalb viele Forscher sie unter den Bürgerkriegen eingereiht haben. Aber die Kolonialreiche waren keine Staaten mit einem einheitlichen Recht für alle ihre Gebiete und Untertanen. Sie kannten keine Reichsbürger. Entsprechend konnte es keine Reichsbürgerkriege geben, so dass die Kriege zwischen den Kolonien und ihren „Mutterländern" auch zahlreiche Züge eines zwischenstaatlichen Krieges annahmen, ohne dass sich die Kriegsparteien rechtlich und moralisch wechselseitig als gleichberechtigt wie bei den klassischen zwischenstaatlichen Kriegen angesehen haben. So wie die Kolonisierungskriege sich von anderen Kriegen erheblich unterschieden, so bildeten auch die Dekolonisierungskriege einen eigenen Typus von Kriegen.

Zwischen den eigentlichen Bürgerkriegen gibt es zwei wesentlich verschiedene Typen. Der eine Typus, an den man meist bei dem Wort Bürgerkrieg denkt, wird manchmal Anti-Regime-Krieg oder auch (gewaltsame) Revolution genannt. Es geht bei ihm entweder um den Sturz der Regierung und der ihn tragenden politisch-gesellschaftlichen Kräfte oder gar um den Sturz des Regierungs- und Gesellschaftssystems. (Putsche und Staatsstreiche mit blutigen Kampfhandlungen lassen sich, systematisch betrachtet, als extrem kurze Bürgerkriege interpretieren.) Da die kämpfenden Parteien nur äußerst selten einen Kompromiss zwischen der Erhaltung eines Status quo und seiner Veränderung, zwischen der Herrschaft des einen oder des anderen Teils der Gesellschaft sehen und es um die Herrschaft im ganzen Land geht, sind solche Bürgerkriege oft viel erbitterter und verlustreicher als zwischenstaatliche Kriege, die weit vielfach mit Teilerfolgen oder einem Kompromiss enden.

Der zweite Typus von Bürgerkriegen wird zwischen den staatlichen Machtorganen und einer Kriegspartei geführt, die mit einiger Resonanz in der Bevölkerung das Ziel verfolgt, die politische Selbstbestimmung eines Teils der Staatsbürger, der sich als eigenständiges partikulares Volk versteht, und der meist räumlich in einem Grenzgebiet des Staates konzentriert lebt, zu verwirklichen, sei es durch die Bildung eines separaten Staates oder durch die Vereinigung mit einem anderen Staat oder Staatsteil, oder sei es durch die Erringung eines autonomen Status im bestehenden Staatsverband. In solchen Bürgerkriegen, die oftmals Separationskriege genannt werden, aber besser Fragmentierungskriege heißen sollten, geht es um die Erhaltung Staatseinheit oder um die Aufteilung oder regionale Neustrukturierung (Föderalisierung, Bildung autonomer Territorien) des Staates, allenfalls sekundär auch um Regierungssysteme. Kann sich die rebellierende Kriegspartei in etwa in dem beanspruchten zukünftigen Staats- oder Autonomiegebiet durchsetzen, so nimmt der Bürgerkrieg rasch einige Züge eines zwischenstaatlichen Krieges an wie der Dekolonisationskrieg. In solchen Kriegen kann leichter ein Kompromiss als im Antiregime-Krieg gefunden werden, da die Status quo-Partei an sich nicht von einer vollständigen Entmachtung bedroht ist, es sei denn, die drohende Staatsteilung wird möglicherweise mit einem Bürgerkrieg oder einem Putsch im Reststaat beantwortet.

Das Kriegsgeschehen wird außer durch gesellschaftspolitische auch durch technologische Entwicklungen wesentlich beeinflusst. Technische Innovationen sind nicht nur bei den Waffensystemen, sondern auch beim Transport von Waffen, Streitkräften, Wirtschaftsgütern und Informationen von größter Bedeutung. Jede grundlegende Neuerung in der zivilen Wirtschaft findet auch einen Niederschlag im Militärwesen und manche rüstungstechnologische Neuerung ist für die zivile Wirtschaft nutzbar. Da immer mehr Mittel in Wissenschaft und Technik investiert werden, ist ein Stillstand des Kriegswesens auf einem historisch gegebenen technologischen Niveau so gut wie ausgeschlossen, solange die internationale Gesellschaft auf einem anarchischen System militärisch unabhängiger Staaten beruht, die sich zum Teil untereinander wechselseitig bedrohen und vor allem aktuell oder auch nur potentiell bedroht fühlen. Ein Anhalten der qualitativen Aufrüstung ist somit unter den gegebenen internationalen Voraussetzungen nicht zu verwirklichen.

Zu den großen technischen Neuerungen, die das Kriegswesen revolutionierten (Howard 2010, Müller/ Schörnig 2006: 24-35) gehörten die Eisenbahn und das Dampfschiff, der Hinterlader und das Maschinengewehr, das Dynamit, der Panzer, das Flugzeug, die Rakete, das Kampfgas, die Atombombe, die Präzisionswaffensysteme, das Radar und neuerdings die elektronischen Rechner, die ein völlig neues Feld der Kriegsführung hervorriefen: den Cyberwar, durch den sowohl wichtige Funktionen des zivilen Wirtschafts- und Gesellschaftsverkehrs informationell gestört und zerstört werden können als auch verheerende Wirkungen in zivilen und militärischen Anlagen hervorgerufen werden können.

Diese rüstungstechnischen Neuerungen ermöglichen es, dass in immer kürzer werdender Zeit immer mehr Menschen getötet und verletzt, Sachen zerstört werden können, und zwar von einer geringer werdenden Zahl von Menschen, die die Massenvernichtungswaffen handhaben können. Dementsprechend wuchs die Zahl der unmittelbaren Kriegstoten durch die Wirkung von Waffen im Industriezeitalter drastisch an, während der Anteil der mittelbaren Kriegstoten durch Hunger und Epidemien im Verhältnis zu ersteren sank. Die Industrialisierung des Kriegswesens reduzierte die Bedeutung von Feldherrenkunst und kriegerischer Kampfmoral zugunsten des Übergewichts von rüstungstechnischer und rüstungsindustrieller Überlegenheit. Sie machte aber gleichzeitig auch die Zentren von Rüstungsindustrie und Rüstungsforschung und darüber hinaus die Siedlungen der Rüstungsproduzenten zu Kriegszielen. Damit ist im modernen Krieg potentiell das ganze Land zumindest der schwächeren Kriegspartei zum Schlachtfeld geworden.

Man nimmt an, dass das Zahlenverhältnis zwischen den durch bewaffnete Aktionen unmittelbar verursachten Kriegsopfern unter den Soldaten und den Zivilisten sich im Verlaufe des 20. Jahrhunderts drastisch zuungunsten der Zivilisten verschoben hat. Die weit verbreitete Behauptung, dass im Ersten Weltkrieg die Anteile der Soldaten und Zivilisten 95 und 5 Prozent gewesen seien, im Zweiten Weltkrieg 52 und 48, im Vietnamkrieg 5 und 95 und vielen darauf folgenden Kriegen ähnlich, ist allerdings empirisch nicht gesichert (Gantzel/ Schwinghammer 1995: 148).

Bei jeder großen für das Kriegswesen relevanten technischen Neuerung – von der Eisenbahn bis zur Atombombe – tauchte der Gedanke auf, dass nunmehr ein zukünftiger großer Krieg derart schrecklich werden würde, dass er kein Mittel der Politik mehr sein könne, dass die voraussehbare Massenvernichtung eine kriegsabschreckende Wirkung haben werde. Diese Hoffnung erwies sich bislang als illusionär, auch wenn nicht zu übersehen ist, dass in den letzten Jahrzehnten eine Delegitimation des zwischenstaatlichen Krieges und eine größere Zurückhaltung in der Politik zu beobachten ist, einen zwischenstaatlichen Krieg zu beginnen (Gantzel/Schwinghammer 1995: 65; Human Security Centre 2011: chapter 1). Die kriegsabschreckende Wirkung der Massenvernichtungswaffen wird allerdings erheblich dadurch relativiert, dass Kriegsstrategien entwickelt werden konnten, die entweder den Einsatz vorhandener Massenvernichtungswaffen in den meisten Kriegen vermeiden oder sie in verringerter Dosierung anwenden. So kamen etwa selbst im Zweiten Weltkrieg mit seinen rund 55 Millionen Kriegstoten die riesigen Arsenale von Gaswaffen fast gar nicht zum Einsatz. Das Ziel der qualitativen Aufrüstung ist schon längst nicht mehr, Vernichtungs- und Zerstörungspotentiale unbedingt weiter zu vergrößern, sondern Waffensysteme präziser und selektiver zu machen, um sie auf den Einsatz gegen zentrale militärische oder auch strategische zivile Ziele (Energieversorgung, Kommunikationssysteme) beschränken zu können.

Die allgemeine Entwicklungsrichtung geht also dahin, militärische Mittel und den Krieg wieder besser politisch handhabbar zu machen, ihn zu „humanisieren", d. h. die Anzahl der Kriegstoten und -verletzten nach Möglichkeit zu verringern. Diesem Bedürfnis dienen außerdem seit Jahrzehnten zahlreiche sonstige Maßnahmen von der Einrichtung des Roten Kreuzes (1863) bzw. des Roten Halbmondes für die medizinische Versorgung der Kriegsversehrten, der Kriegsgefangenen und sonstigen Kriegsopfer über die Weiterentwicklung des Kriegsrechtes zum Schutze von Zivilisten und Kriegsgefangenen bis zur internationalen Fürsorge für Kriegsflüchtlinge. Diese kriegsbegleitenden humanitären Hilfsdienste werden von ihren Mitarbeitern oft auch als Tätigkeit für den Frieden verstanden.

Seit dem Ende des Zweiten Weltkrieges im Mai (Europa) bzw. im August 1945 (Ostasien) wurde auf der Erde ständig irgendwo Krieg geführt. Die Hamburger Arbeitsgemeinschaft Kriegsursachenforschung zählte bis 2008 239 Kriege. Die Anzahl der Kriege, die gleichzeitig auf der Erde geführt werden, hat seit 1945 jahrzehntelang ständig zugenommen. Dabei ist jedoch zu berücksichtigen, dass die Zahl der Staaten sich seither drastisch erhöht hat, damit auch die Zahl der potentiellen Kriegsparteien. Wurden nach den Daten von Gantzel und Schwinghammer (1995: 89) bis 1962 bis zu 16 Kriegen geführt, so von 1963 bis 1983 jeweils zwischen 21 und 39 Kriegen, danach stets 40 und mehr Kriege, 1991 erstmals 50 Kriege. Die Zahl der Kriege ist viermal in der Nachweltkriegsgeschichte stark angestiegen, in den späten vierziger Jahren, vermutlich infolge der Aufteilung der Welt zwischen kommunistischen und nichtkommunistischen Regimen, in den frühen sechziger Jahren, also im Zuge der Dekolonisation, 1975, möglicherweise aufgrund der militärisch-hegemonialen Zurückhaltung der USA nach dem Vietnamkrieg, und ab 1990 infolge des Zusammenbruchs der kommunistischen Regime in der Sowjetunion und in Jugoslawien. Erst seit 1992 ging die Zahl der Kriege wieder erheblich zurück, nahm dann 1997 wieder etwas zu und dann seit 2000 weiter ab (Schreiber 2010: 14).

Die Zunahme der Zahl der jährlich geführten Kriege bedeutet vermutlich keine Zunahme der Kriegstätigkeit auf der Erde. Auch wenn man Berechnungen der Todesopfer in Kriegen für äußerst zweifelhaft ansehen muss, so spricht der Trend der vorhandenen Kriegsopferzahlen nicht für eine Ausweitung der Kriegstätigkeit. Für die Gesamtzahl der Kriegsopfer findet man allerdings höchst unterschiedliche Zahlen. Pfetsch und Billing nennen als untere und obere Schätzwerte 9 und 23 Millionen für die Jahre 1945-91 und stellen Schwankungen der jährlichen Kriegsopferzahlen zwischen

14.144 oder 33.898 (unterer und oberer Schätzwert) im Jahre 1960 und 484.625 bzw. 3.531.965 im Jahre 1971 fest. Für 1991 geben sie als entsprechende Zahlen 80.552 bzw. 226.892 an (Pfetsch/ Billing 1994: 192f.).

Ferdowsi erwähnt Berechnungen von 25 bis 35 Millionen Toten für die Zeit von 1945 bis Anfang der 1990er Jahre, die er mit den Verlusten im Ersten (12 Millionen) und im Zweiten Weltkrieg (56 Millionen) vergleicht (1986: 311). Gantzel und Schwinghammer kommen bei der Benutzung von Mindestopferzahlen zu einer angenommenen Gesamtzahl von 17 Millionen Kriegstoten von 1945-1992, also zu 354.000 pro Jahr (1995:149). Nach Berechnungen des Human Security Centre (2011: chapter 1) sind die Opferzahlen in Bürgerkriegen meist wesentlich niedriger als bei zwischenstaatlichen Kriegen. Nach den Angaben von Pfetsch und Billing lassen sich maximal 23 Millionen und minimal 9 Millionen Kriegstote für die Zeit von 1945 bis 1991 berechnen, wobei das Jahresmaximum 1971 mit 3,5 Millionen und das Minimum im Jahre 1960 mit 14.000 Kriegstoten verzeichnet ist (1994: 192 f.). Rummel hat die Zahl der Kriegstoten in der Zeit von 1900-1997 mit 38,5 Millionen berechnet (2003: 3). Der Human Security Centre weist auf einen erheblichen Rückgang der jährlichen Opferzahlen von internationalen Kriegen seit den 1950er Jahren von 21.000 auf 3.000 im ersten Jahrzehnt des neuen Jahrtausends hin (Human Security Centre 2011: chapter 1).

So ist das Kriegsgeschehen nach 1945 auffallend durch folgende Züge gekennzeichnet. Formelle, rechtliche Kriegserklärungen sind selten geworden. Sie werden in den meisten Fällen einfach schrittweise oder überfallartig begonnen und manchmal auch gar nicht durch einen formellen Rechtsakt abgeschlossen. Dadurch wird es nicht nur schwieriger als früher den Beginn eines Krieges genau zu bestimmen, sondern auch den Angreifer oder Aggressor. Doch auch in der früheren Geschichte war die Kriegspartei, die die Kampfhandlungen beginnt, nicht unbedingt diejenige, die politisch auf einen Krieg hingearbeitet und unter Umständen den politischen Gegner zur Eröffnung des bewaffneten Kampfes provoziert hat. So haben z. B. Großbritannien und Frankreich dem nationalsozialistischen Deutschen Reich den Krieg erklärt, nicht umgekehrt. In diesem Falle hat ein kurzer, mehrtägiger Angriffskrieg (gegen

Polen) einen langen, mehrjährigen europäischen und letztlich weltweiten Krieg provoziert. Pfetsch und Billing unterscheiden deshalb zwischen „Angreifer" im militärischen Sinne und „Initiator" im politischen Sinne (1994: 31).

In vielen Fällen, vor allem bei innerstaatlichen Kriegen, ist es sowohl theoretisch als auch empirisch außerordentlich schwierig, den „Angreifer" oder gar den „Initiator" zu bestimmen. Ist z. B. nationales Unabhängigkeitsstreben schon per se kriegsprovozierend oder per se vor diesem Vorwurf gefeit, da die Verteidigung einer imperialen Herrschaft per se „aggressiv" ist bzw. auf historischer Aggression beruht? Berücksichtigt man die Schwierigkeiten, bei vielen Kriegen den Angreifer genau zu bestimmen, so hat die Feststellung von Gantzel und Schwinghammer, dass 19 Prozent aller Kriege durch den Sieg des Angreifers, jedoch 30 Prozent durch den Sieg des Angegriffenen endete – die übrigen durch Kriegsabbruch und Vermittlung zwischen den Kriegsparteien (1995, S. 160) – nur einen bedingten Aussagewert. Insgesamt dürften die Zahlen jedoch belegen, dass Angriffskriege nur äußerst selten das erstrebte Ziel erreichen, Verteidigungskriege hingegen recht häufig.

An zwischenstaatlichen Kriegen zählten Gantzel und Schwinghammer 31 in der Zeit von 1945 bis 1992 (1995: 117), Pfetsch und Billing kommen für fast denselben Zeitraum von 1945 bis 1990 auf 23 Kriege (1994: 157). Sie dauerten durchschnittlich wesentlich kürzer als die innerstaatlichen Kriege. Die Hamburger Arbeitsgemeinschaft Kriegsursachenforschung wie auch das Uppsala Conflict Data Program zählten 2008 keinen einzigen zwischenstaatlichen Krieg (Schreiber 2010: 18), aber sieben internationalisierte bewaffnete innerstaatliche Konflikte (Harbom/Wallensteen 2010: 501).

Dekolonisationskriege waren insgesamt gar nicht so häufig, wie vielfach angenommen. Alle 16 derartigen Kriege endeten mit einer militärischen Niederlage der nationalen Befreiungsbewegungen gegen die Kolonialmächte Frankreich, Großbritannien, Portugal, Spanien und Niederlande; die Aufständischen errangen allerdings später politisch die Unabhängigkeit.

Alle Kriege von 1945 bis 1992 dauerten durchschnittlich 3,8 Jahre. Die langwierigsten Kriege sind die beiden Typen der Bürgerkriege, vor allem der Antiregimekrieg. „Kriege sind entweder ziemlich kurz, d. h. dauern bis zu sechs Monaten, oder häufiger noch – ziehen sich sehr in die Länge, d. h. dauern über zwei Jahre bis hin über zehn Jahre ... Allein 40 Kriege dauer(t)en länger als 10 Jahre." (Gantzel/Schwinghammer 1995: 143).

Was die Verbreitung der Kriege angeht, so fällt zunächst ins Auge, dass Nordamerika, Australien und Neuseeland völlig und Europa weitgehend von Krieg auf eigenem Territorium verschont blieben, obwohl die europäischen Staaten und die USA zu den am meisten in Kriege involvierten Staaten gehören. Ostasien ist seit 1960 kriegsfrei.

4.3 Von der Utopie des Weltherrschaftsfriedens zum Friedensvölkerbund (Vereinte Nationen)

Die gesamte Kriegsgeschichte wird von Friedensideen begleitet, die nicht nur auf einen befristeten Frieden zwischen zwei Kriegen und einen beschränkten Raum abzielten, sondern einen dauerhaften, „ewigen" Frieden auf der ganzen Welt etablieren wollten. Solange das Raumbewusstsein der Menschen nur Teile des Globus erfasste, bezogen sich die Friedensideen selbstredend nur auf die jeweils bekannten Teilwelten. Sieht man von religiösen Vorstellungen von einer zukünftigen direkten Herrschaft Gottes über die Welt ab, so gab es seit Jahrtausenden immer wieder die Vorstellung von einer mit göttlicher Autorität ausgestatteten Weltherrschaft eines Königs der Könige, eines Kaisers oder Obersten Priesters, die dauerhaften Weltfrieden gewährleisten sollte. Weltreiche beanspruchten stets, Weltfriedensreiche zu sein (Adolf 2009: 46-82). Dazu gehörten etwa das antike griechische Reich Alexanders, das römische Reich des Augustus und seiner Nachfolger, das mittelalterliche und frühneuzeitliche römisch-germanische Reich, die arabischen, persischen und osmanischen Reiche der Kalifen, die indischen Reiche, das chinesische Reich und viele andere mehr. Transozeanische Ausdehnung erlangte das Habsburger Reich unter Kaiser Karl V.

Im Jahre 1493 teilte Papst Alexander VI. schon kurz nach der Entdeckung Amerikas durch Columbus und noch vor der Erkenntnis Amerigo Vespuccis, dass das entdeckte Land nicht das gesuchte Indien in Asien, sondern ein eigener Kontinent ist, die gesamte Welt in eine spanische und in eine portugiesische Hälfte. Dies war ein letzter Ausdruck des christlich-katholischen Verständnisses von Weltherrschafts- als Weltfriedensmission. Die beiden Weltseemächte untermauerten die Teilung etwa entlang des 46. und 142. Längengrades durch die Verträge von Tordesillas 1494 und Saragossa 1529. Doch schon bald danach stellten protestantische niederländische und britische Eroberer die gemeinsame Weltherrschaft der iberischen Mächte in Frage und errichteten eigene Weltreiche, in denen die Weltfriedensidee keine herausragende Rolle mehr spielte.

Eine modernisierte Form der Idee des Weltfriedens durch Weltherrschaft sind die Vorschläge zur Herstellung eines Weltstaats und eines Weltrechts, das durch ein weltweites Monopol legitimer Gewaltsamkeit gekennzeichnet ist. In demokratischer Form wird es meist von Anhängern einer Weltrepublik (zuerst Anacharsis Cloots 1792) und später einer demokratischen Weltföderation verfochten (Lutz-Bachmann/ Bohman 2002). Zeitweise einflussreicher war nach dem Ersten Weltkrieg die Idee einer internationalen Räterepublik, also eines kommunistischen Weltstaates (Jahn 2004a: 256).

Als Antithese zur Friedensidee durch Weltherrschaft hatte bereits im Jahre 1462 der böhmische König Georg von Podiebrad die Idee eines christlichen Fürstenbundes (Schmeiser 2000: 142-146). Diese Idee erfuhr eine beträchtliche räumliche Weiterung durch den Einschluss auch des Sultans des Osmanischen Reiches, der auch das sunnitische Kalifenamt innehatte, mit einer prominenten Position in das Konzept eines solchen Fürstenbundes von Éméric Crucé aus dem Jahre 1623, der auch die wenigen Patrizierrepubliken mit in den Friedensbund einschließen wollte (Raumer 1953: 289-320).

In der zunehmend von europäischen Mächten beherrschten Welt markierten der Dreißigjährige Krieg in Mitteleuropa 1618-1648 und der ihn beendende Westfälische Frieden von Osnabrück und Münster einen tiefen Einschnitt. Dabei wurde endgültig die Idee einer weltmonarchischen Ordnung unter einem christlich-katholischen Kaiser oder Papst aufgegeben. „Der Westfälische Frieden organisierte Europa nach dem Prinzip des territorialen Partikularismus. Er repräsentierte ein neues diplomatisches Arrangement – eine Ordnung, geschaffen von Staaten für Staaten" (Holsti 1991:25). Dieser Frieden "bahnte den Weg für ein System von Staaten, das ein hierarchisches System unter der Führung des Papstes und des Habsburger Familienkomplexes ersetzen sollte, der das Heilige Römische Reich und das Spanische Reich verbunden hatte" (Holsti 1991:26).

Das so genannte Westfälische Staatensystem wird oft als anarchisch bezeichnet, weil es keine universale Recht setzende, Recht sprechende und Recht durchsetzende Autorität kennt. Es ist aber insofern nicht anarchisch, weil einerseits die territorialstaatliche Autorität und Monopolisierung legitimer Gewaltsamkeit innerhalb von Staatsgrenzen erheblich gestärkt, andererseits ein modernes Völkerrecht gerade in dieser Zeit entstanden ist, dass die Willkür des internationalen politischen Verhaltens im Krieg wie im Frieden zumindest einzuschränken begann. Kontroverse Völkerrechtsauffassungen kann allerdings bis heute keine internationale Herrschaftsinstanz überwinden, da die Völker und Staaten bis heute nicht bereit sind, ein Weltgericht, ein Völkerparlament und eine Weltregierung zu schaffen. Die Veränderungen des Westfälischen Staatensystems in den vergangenen Jahrhunderten und insbesondere in der Gegenwart sowie die Möglichkeiten seiner Reformierung oder Überwindung sind zu einem der neuen bevorzugten Forschungsfelder der Friedens- und Konfliktforschung geworden, nachdem das bipolare System des Ost-West-Konflikts überwunden wurde und die Chancen einer weltumspannenden Ordnungspolitik gewachsen scheinen. Diese wird unter unterschiedlichen Etiketten in der Wissenschaft diskutiert: neues internationales System, Weltinnenpolitik (Bartosch 1995), Reform des Systems der Vereinten Nationen (Volger 2007: 487-571), Weltgesellschaft (Wobbe 2000; Albert 2002) usw.

Die Idee eines Friedensbundes als Fürstenbund erfuhr ihre logische Veränderung zur Idee eines Völkerbundes als der Gedanke der Volkssouveränität das Konzept der Fürstensouveränität zu verdrängen begann. An die Stelle der Fürstenherrschaft und des

Fürstenstaates sollte nun die Volksherrschaft und der Volksstaat bzw. der Nationalstaat treten. Diese Idee wurde im Zeitalter der Aufklärung artikuliert (Unser 2004: 3-5). Sie erhielt politische Relevanz in der Amerikanischen und in der Französischen Revolution von 1789. Vereinzelt wurde zwar damals auch die Idee einer Universalrepublik geäußert, aber praktische Relevanz erhielt die Idee der Volkssouveränität zunächst nur in der Form des räumlich begrenzten Nationalstaats, sei es in den Grenzen des vorgefundenen Fürstenstaates, sei es in denen einer sich sprachlich-kulturell definierenden Nation im Widerspruch zu den von den Fürsten aufgrund von Kriegen, Verkäufen und dynastischem Erbrecht gezogenen Grenzen (Jahn, Bd. 3, 2008: 52-57).

Auf dem Wiener Kongress 1814/15 wurde erstmals der Versuch unternommen, eine dauerhafte Friedensordnung auf der Grundlage einer Übereinkunft zwischen den maßgeblichen katholischen, protestantischen und orthodoxen Reichen („Heilige Allianz") zu konstituieren, in die auch das Osmanische Reich einbezogen wurde. Durch diese Ordnung sollte ein gemeinsamer Schutz vor nationalen, demokratischen Bewegungen gewährleistet werden. Die Solidarität der konservativ-reaktionären Mächte funktionierte sogar einigermaßen während der bürgerlich-demokratischen Revolution von 1848/49 und dann nochmals nach Ausrufung der Pariser Räterepublik 1871. Sie wurde jedoch auch immer wieder durchlöchert mit der britisch-französischen Unterstützung der nationalstaatlichen Sezession Griechenlands und Belgiens 1830/31 und dann vor allem bei der Aufteilung des Osmanischen Reiches in mehreren Etappen seit 1878.

Die militärische Niederlage der vier Großreiche im Osten Europas: Russland, Österreich-Ungarn, Deutschland und Osmanisches Reich öffnete den Weg zur nationalstaatlichen Umgestaltung Europas und zur Herstellung einer neuen Staatenordnung. Dabei traten das Konzept der internationalen Sowjetrepublik und das eines tendenziell demokratischen Völkerbundes in eine in zahlreichen Bürgerkriegen blutig ausgetragene Konkurrenz. Während zahlreiche osteuropäische Nationalstaaten 1922 in die Sowjetunion einverleibt wurden, nahm im Westen die maßgeblich vom US-amerikanischen Präsidenten forcierte Idee des Völkerbundes praktische Gestalt an, allerdings nach zahlreichen Kompromissen. Der in den Pariser Friedensverträgen konstituierte Völkerbund (League of Nations, Societé des Nations) von 1920 vereinigte nicht nur demokratische Nationalrepubliken und parlamentarische Monarchien, sondern auch undemokratische Monarchien und Kolonialreiche, die nur halbherzige Zusagen zur nationalen Selbstbestimmung ihrer kolonisierten Völker machten. Aber die ersten bescheidenen Schritte zu einem universalen Staatenbund als Friedensbund waren getan. Die Völkerbundsatzung enthielt erste, noch bescheidene Ansätze für ein System der kollektiven Sicherheit, in dem ein Angriff auf die Unabhängigkeit und territoriale Integrität eines Mitgliedsstaates als ein Angriff auf alle Staaten und die bestehende Friedens- und Sicherheitsordnung begriffen wird.

Zwar versagte der Völkerbund praktisch vor seinen wichtigsten, selbstgesetzten Aufgaben der Gewährleistung kollektiver Sicherheit und des Schutzes nationaler Minderheiten in den neuen, nominellen Nationalstaaten, aber er setzte die universalen Friedensaufgaben seit seiner Gründung auf die ständige Tagesordnung der internationalen Politik wie auch der Forschung über kollektive Sicherheit und eine dauerhafte und effektive Friedensordnung (Unser 2004: 14-17; Volger 2008: 2). Der Völkerbund scheiterte vor allem an dem Desinteresse der meisten Großmächte an einer gemeinsamen Erhaltung des territorialen Status quo. Die US-amerikanische Gesellschaft war noch nicht bereit, sich in die Händel der Alten Welt Europas und Asiens einbeziehen zu lassen und ließ ihren eigenen Präsidenten im Stich, als der US-Senat die Ratifizierung der Völkerbundcharta verweigerte und diese Entscheidung auch später nicht revidierte. Das immer noch gewichtige Deutschland und die Sowjetunion blieben zunächst aus dem Völkerbund ausgeschlossen. Mit dem faschistischen Italien, dem sich militarisierenden Japan und schließlich auch mit dem nationalsozialistischen Deutschland und zuletzt auch der Sowjetunion stiegen Großmächte auf, die offen eine militärische Ausdehnung ihres Territoriums betrieben. Sie verließen den Völkerbund, der zu keinem Zeitpunkt eine universale Organisation werden konnte, oder wurden aus ihm ausgeschlossen. Frankreich und Großbritannien waren zu schwach, um die Versailler Staatenordnung aufrechterhalten zu können und auch noch nicht willens, von ihrer kolonialen Herrschaft Abstand zu nehmen.

Erst der japanische Überfall auf die USA und der Zweite Weltkrieg machten der US-Gesellschaft deutlich, dass Amerika keine weltpolitische Insel, keine besondere, isolierte Welt bleiben konnte, sondern weltpolitische Verantwortung in Europa, Asien und Afrika übernehmen musste, um seine eigenen Sicherheits- und auch Wirtschaftsinteressen zu wahren. Deshalb ging erneut von den USA die Initiative zu einem Völkerbund als Friedensbund aus, der sich nun Vereinte Nationen (VN) nannte (Volger 2008: 1-8; Unser 2004: 20). Seine wichtigste Neuerung waren die Einbindung der Sowjetunion in die neue Weltorganisation und die Etablierung eines Sicherheitsrates (SR) mit fünf ständigen Mitgliedern, der weit reichende Kompetenzen zur Aufrechterhaltung und Wiederherstellung des Weltfriedens und der internationalen Sicherheit erhielt. Zwar verhinderte das so genannte Vetorecht[3] der ständigen SR-Mitglieder der VN in den folgenden 45 Jahren des Ost-West-Konflikts zwischen den kommunistischen und nichtkommunistischen, demokratischen wie undemokratischen Staaten unter Führung der UdSSR und der USA weitgehend die Funktionsfähigkeit des VN-Sicherheitsrates, aber verhinderte damit zugleich jahrzehntelang eine Instrumentalisierung des SR gegen wesentliche Interessen der UdSSR und später auch der USA und damit ein Auseinanderbrechen der Weltorganisation. Da gleichzeitig trotz des weltpolitischen Antagonismus die zahlreichen wirtschaftlichen und zivilen Funktionen des Systems der Vereinten Nationen ausgebaut wurden und 1955 die gegenseitige Obstruktion der Aufnahme neuer Mitglieder in die VN aufgehoben wurde, konnten sich die Vereinten Nationen schrittweise aus einer Organisation der Siegermächte des Zweiten Weltkrieges zu einer tatsächlich universalen Staatenorganisation ausweiten. Anfangs wurden nicht nur die besiegten Aggressorstaaten, sondern auch die neutralen Staaten nicht zu den

---

[3] Die VN-Charta (Art. 27) sieht eine Zustimmung aller ständigen Mitglieder zu Sicherheitsratsbeschlüssen vor, aber aus pragmatischen Gründen lässt man auch Stimmenthaltung zu, so dass nur ein explizites Nein eines ständigen SR-Mitgliedes oder eine fehlende Mehrheit von neun aus insgesamt fünfzehn Stimmen eine Beschlussfassung des Sicherheitsrates verhindern kann.

"friedliebenden Staaten" gerechnet, die zur Mitgliedschaft in den VN eingeladen wurden. Im Jahre 2002 trat schließlich auch die Schweiz als letzter international anerkannter Staat, sieht man vom Vatikan-Staat ab, den Vereinten Nationen bei.

Als entscheidenden Stabilisierungsfaktor für die Vereinten Nationen, der dieser Organisation das gleiche Schicksal wie dem Völkerbund ersparte, muss man außer der Einbindung der Sowjetunion mittels des Vetorechts im VN-Sicherheitsrat den gewandelten Charakter aller Großmächte ansehen, die seit 1945 den territorialen Status quo nicht mehr durch Eroberungen verändern wollen, sondern ihren Einfluss auf andere Weise geltend machen und zu vergrößern trachten, und sei es durch Intervention zur Veränderung des Regimes oder gar der Gesellschaftsordnung, aber ohne Annexion. Außerdem ist nach dem Zweiten Weltkrieg sicherlich auch weltweit das gesellschaftliche Friedensbedürfnis bzw. die Furcht vor einem neuerlichen großen Krieg gewachsen, die durch das Wissen um die Folgen eines Nuklearkrieges gesteigert wurde. Die wachsende wirtschaftliche Interdependenz und die Zunahme der weltweiten Kommunikation haben sicherlich ebenfalls zur Einsicht in die Notwendigkeit einer weltweiten Organisation beigetragen. Hinzu kamen in den vergangenen Jahrzehnten die gewachsene Aufmerksamkeit für globale ökologische Herausforderungen und finanzpolitische wechselseitige Abhängigkeiten, die ebenfalls für einen Ausbau der internationalen Organisationen sprechen und ein Ausscheiden einzelner Staaten aus der Weltorganisation verhindern, selbst dann, wenn sie unter den Sanktionen dieser Organisation zu leiden haben. Strittig ist demzufolge nicht mehr die Existenz der Vereinten Nationen als Weltorganisation, sondern das Ausmaß und die Formen ihrer Kompetenzerweiterungen (Rittberger/ Zangl 2005: 316-324).

4.4 Die Entlegitimierung des Staatenkrieges

Bis zum Ende des 18. Jahrhunderts wurde in der Gesellschaft, in der Politik und im Völkerrecht nur von Minderheiten das Recht von souveränen Staaten bestritten, nach Gutdünken der legitimen

Herrscher zum Wohle des eigenen Staates einen Angriffskrieg (*jus ad bellum*) zu führen, sofern bestimmte Regeln bei Beginn des Krieges (Kriegserklärung) und in seinem Verlauf und in seinen Austragungsformen (*jus in bello*) eingehalten wurden. Krieg zur Verteidigung der territorialen Integrität und Souveränität eines Staates gilt bis heute als völkerrechtlich zulässig, obwohl einige Völkerrechtler von einem allgemeinen Gewaltverbot in der VN-Charta sprechen. Artikel 51 dieser Charta bezeichnet das Recht eines Staates zur individuellen und kollektiven Verteidigung (also unter Beteiligung von Bündnispartnern) als Naturrecht[4] oder inhärentes Recht, damit als unaufhebbares Recht. Zwar konstatiert derselbe Artikel, dass dieses Verteidigungsrecht gilt „bis der Sicherheitsrat die zur Aufrechterhaltung des Weltfriedens und der internationalen Sicherheit erforderlichen Maßnahmen ergriffen hat"; aber diese Maßnahmen können lediglich die Selbstverteidigung ergänzen oder erübrigen, aber das Naturrecht zur Verteidigung nicht außer Kraft setzen. Letzteres hat der Sicherheitsrat auch nie versucht.

Als zum Krieg berechtigt galten nur legitime Herrscher (*recta auctoritas*), also nicht Aufständische und Rebellen, die nicht nach Kriegsrecht, sondern als Kriminelle behandelt wurden und weithin bis heute werden. Kriegsrecht kann auch nur selten im Bürgerkrieg zur Geltung gebracht werden. Demzufolge fasste man nur Staatenkriege als Kriege auf, so dass auch die Friedensforschung sich anfangs nur mit solchen Kriegen befasste.

Nach Beendigung der europäischen Religionskriege zwischen den christlichen Konfessionen bemühten sich die Fürsten um eine Hegung des Krieges, der mit kostspieligen Söldnerheeren ausgetragen wurde. Dazu gehörte die Einschränkung des bewaffneten Kampfes auf eng geschlossene militärische Verbände auf einem umrissenen Schlachtfeld, auf dem eine größere Feuerkraft entfaltet werden konnte als von vereinzelten Kämpfern. Hierbei ließ sich das Kampfgeschehen auf wenige Stunden oder Tage beschränken. Außerdem ermöglichte der geschlossene Militärverband es, die Desertionsrate von Soldaten zu senken. Söldner wurden vorwie-

---

[4] In der französischen Fassung der Charta *droit naturel*, in der englischen Fassung *inherent right*.

gend unter der armen Bevölkerung angeworben oder auf verschiedene Weise zum Kriegsdienst gezwungen, zum Teil durch Vorläufer einer allgemeinen Wehrpflicht. Manche Truppen wurden auch von anderen Ländern gemietet. Bekannt wurden in vielen Kriegen vor allem die Schweizer Söldner, im Krieg um die US-amerikanische Unabhängigkeit auch die hessischen Söldner der britischen Krone.

Zur Hegung des Krieges gehörte in der Regel die Beschränkung der Kriegsziele, etwa auf die Aneignung von einzelnen Ländereien, nicht aber auf die Eroberung größerer Länder und die Beseitigung legitimer Herrschaft. Durch Heiraten und Erbschaften, hin und wieder auch durch Länderkauf wurden weit mehr Grenzen verändert als durch Krieg.

Mit der Erschütterung und Beseitigung der Fürstensouveränität und ihrer Ablösung durch die Volkssouveränität in der Amerikanischen und in der Französischen Revolution veränderte sich dramatisch der Charakter des Krieges. Indem sich die revolutionären Bürger und Bauern mit den Kriegszielen identifizierten, wurde der bewaffnete Kampf wieder erbitterter und barbarischer wie zuvor in den Zeiten der Religionskriege. Er ließ sich auch weniger auf eng umrissene Schlachtfelder und geschlossene Kampfformationen begrenzen. Teilweise ging er in einen Partisanenkrieg über, in dem oftmals die Trennung zwischen durch Uniformen allgemein sichtbar ausgewiesene Kombattanten und Zivilisten aufgehoben wurden, auch Frauen und Kinder sich an bewaffneten Kämpfen beteiligten.

Zwar dominierte in der bürgerlichen oder Volksrevolution die Idee des Nationalstaats, sei es im Rahmen des überkommenen Staates, sei es im Rahmen eines neu zu schaffenden Staates von Bürgern gleicher Sprache und Kultur, so dass der Volkskrieg zum Nationalkrieg wurde, gleichzeitig wurde jedoch auch die Idee der Völkerverbrüderung und des Völkerfriedens propagiert, in dem friedlich nebeneinander bestehende Nationalstaaten auf der Grundlage der Volkssouveränität den Staatenkrieg abschaffen würden. Nunmehr wurde vielfach der Aufruhr, der bewaffnete Aufstand zum einzig legitimen und Freiheit verheißenden Krieg, zum Revolutions- und Bürgerkrieg erklärt.

Der Staatenkrieg wurde als Fürsten- und Kabinettskrieg, der nur, wie Immanuel Kant sich ausdrückte, von „Staatseigentümern ... wie eine Art von Lustpartie aus unbedeutenden Ursachen" beschlossen zu werden pflegte (1970: 206), in großen Teilen der Gesellschaft verhasst.

Die Entgrenzung und Verrohung des Kriegsgebarens in den Revolutionskriegen rief eine restaurativ-konservative Gegenbewegung hervor, die versuchte, die revolutionären Kräfte des Liberalismus, der Demokratie und des Nationalismus (d. h. des Nationalstaatsgedankens) zu bannen und eine Heilige Allianz der legitimen katholischen, protestantischen und orthodoxen Herrscher Europas unter Einschluss des muslimischen Osmanischen Reiches zu etablieren, in der diese Mächte sich gegenseitig ihren Bestand zusicherten und gleichzeitig wechselseitigen Beistand im internationalen konterrevolutionären Krieg zur Niederschlagung liberaler, demokratischer und nationaler Aufstandsbewegungen zusagten.

4.5 Weltkriege und die Gefahr eines Ost-West-Nuklearkrieges

Mit der Ausdehnung der europäischen Kolonialreiche auf alle anderen Kontinente erstreckten sich die Kriege zwischen den europäischen Staaten tendenziell auf die ganze Welt. Man nennt zwar gewöhnlich nur die beiden Kriege von 1914-1918 und 1939-1945 (eigentlich 1937-1945, da der japanisch-chinesische Krieg seit dem 7. Juli 1937 nahtlos in den Weltkrieg überging), aber bereits die Kriege von 1756-63 und von 1792-1815 fanden auf vier Kontinenten und allen fünf Ozeanen statt.

Die Weltkriege des 20. Jahrhunderts begannen als regionale Kriege in Europa und Ostasien und dehnten sich erst 1917 und 1941 auf alle Kontinente und Meere aus. Dabei konzentrierten sich die Kampfhandlungen jedoch auf das Territorium einiger der Krieg führenden Länder und auf einige Bereiche der Weltmeere und Lufträume, in denen die Streitkräfte der Krieg führenden Staaten aufeinander stießen.

In den Ersten Weltkrieg waren 38 von 60 im Jahre 1914 existierenden Staaten involviert, auf der einen Seite die vier Mittelmächte

Deutsches Reich, Österreich-Ungarn, Osmanisches Reich und Bulgarien, auf der anderen Seite 29 Staaten, während es fünf lateinamerikanische assoziierte Staaten der Alliierten bei dem Abbruch der diplomatischen Beziehungen beließen. Die übrigen 22 Staaten blieben neutral.

Der Erste Weltkrieg war im Wesentlichen noch ein europäischer Krieg, in den von Beginn an alle europäischen Großmächte verwickelt waren. Teilweise wurde er aber auch in den afrikanischen Kolonien, im Vorderen Orient, in Ostasien und im Atlantik ausgetragen. Die USA traten erst im April 1917 in den Krieg ein und trugen dazu bei, ihm eine entscheidende Wende zugunsten der Alliierten und Assoziierten Mächte zu geben.

Am Zweiten Weltkrieg waren von 68 im Jahre bestehenden Staaten 56 beteiligt, nur 12 blieben neutral. Auf der Seite der Alliierten standen zu Beginn der zu unterschiedlichen Zeiten eröffneten Kampfhandlungen ursprünglich 44 Staaten elf Achsenmächten und den von ihnen abhängigen „Marionetten-Regimes" in sieben Ländern (wie Mandschukuo, Slowakei) gegenüber. Im Verlaufe des Krieges veränderten sich mit den militärischen auch die politischen Fronten. Acht der elf Achsenmächte traten vor Kriegsende auf die Seite der Alliierten über, während die Sowjetunion, im Jahre 1939 noch Partner Deutschlands bei der Teilung Polens, zum Bündnis mit den Westmächten durch den deutschen Überfall im Juni 1941 gezwungen wurde, so dass am Schluss nur das Deutschland, Japan und Thailand den Alliierten gegenüberstanden.

Voraussetzung der Entstehung von Weltkriegen war die Entwicklung von Weltmächten, die ihre Macht über mehrere Kontinente und Ozeane ausdehnen konnten und damit die Globalisierung der Politik bewirkten. Insofern war die beginnende Entdeckung und Eroberung Amerikas um die Wende vom 15. zum 16. Jahrhundert und die vorübergehende Aufteilung der damals bekannten Welt zwischen Spanien und Portugal eine unabdingbare Voraussetzung von Weltkriegen. Aber die Globalisierung führt keineswegs dazu, dass jeder Krieg sich zu einem Weltkrieg zu entwickeln drohte. Die meisten Kriege blieben und bleiben auch im Nuklearzeitalter räumlich begrenzt, beschränkt auch in der Anwendung der an sich zur Verfügung stehenden Kriegsmittel.

Krieg war und bleibt auch in Zukunft die Fortführung der Politik mit anderen Mitteln. Stets entscheidet die Politik, und sei es die Politik von Militärs, ob und welche Mittel mit welchem Kriegsziel und zu welchem Zweck eingesetzt werden. Selbst die Übertragung von militärischen Entscheidungen an bestimmte Computer und Computerprogramme ist eine politische Entscheidung, so dass sich Politiker nicht aus ihrer Verantwortung für oder gegen eine Entscheidung zum Angriffs- wie zum Verteidigungskrieg stehlen können.

Zwar wird im Nuklearzeitalter gern behauptet, dass der Krieg kein Mittel der Politik sein könne, aber es ist ein gefährlicher Irrglaube, dass sich die Politik der Entscheidung über Krieg und Frieden entheben könne. Doch hat die Behauptung insofern einen gewissen Sinn, als ein umfassender Nuklearkrieg, der sich zum Omnizid, zur Vernichtung aller Menschen und vermutlich auch der meisten anderen Lebewesen ausweiten könnte, weder einen menschlichen, noch einen politischen Zweck haben kann, weil er jeglichen Menschen und damit auch jegliche Politik beseitigen würde, aber selbst die Entscheidung, alle Destruktionsmittel bis zum Omnizid wirken zu lassen, wäre eine politische Entscheidung, wenn auch eine Politik zur Beendigung aller Politik. Ein gewisser Sinn der Behauptung liegt auch darin, dass ein umfassender Nuklearkrieg und damit auch ein Krieg, der zu einem umfassenden Nuklearkrieg eskalieren könnte, kein berechenbares Mittel zur Veränderung der bestehenden Verhältnisse mehr sein kann, also keiner aggressiven Politik mehr dienlich ist, die ein Überleben des Aggressors voraussetzt. Insofern lässt sich sagen, dass Krieg gerade im Nuklearzeitalter eine Fortsetzung der Politik mit anderen Mitteln sein und bleiben muss und die Verantwortung über das kriegerische Geschehen nicht an nichtpolitische Instanzen, an automatisierte Entscheidungsprozesse von Computern oder anderweitig abgeben darf.

Nur eine verantwortliche Politik im Krieg kann dafür sorgen, dass selbst in einem militärischen Konflikt, der sich langsam oder auch schnell zum Nuklearkrieg steigert, nicht bis zum Äußersten, also bis zum massenhaften Einsatz von allen vorhandenen Nuklearwaffen und zur Vernichtung der Menschheit vorangeschritten wird. Auch ein Nuklearkrieg lässt sich begrenzen, selbst wenn die psychischen Neigungen und technischen Tendenzen stark sind, den Einsatz auch solcher Waffen zu entgrenzen. Aus diesem Grunde haben die Politiker es seit 1945 vermocht, den Einsatz von Nuklearwaffen selbst in Kriegen, die die Nuklearmächte zu verlieren begannen und schließlich auch verloren (die USA in Vietnam, die Sowjetunion in Afghanistan), zu vermeiden. Außerdem gelang es den Nuklearmächten, ihre Streitkräfte auch nicht in konventionellen Kriegen gegeneinander einzusetzen, was die Gefahr eines Dritten Weltkrieges wesentlich verringerte.

Trotz der erbitterten militärischen Konfrontation im Zweiten Weltkrieg mit Zigmillionen Toten war es bereits in ihm gelungen, die politische Kontrolle über die Chemiewaffen zu behalten und ihren Einsatz nicht dem Gutdünken von Militärbefehlshabern oder Technikern und Wissenschaftlern zu überlassen.

Am 16. Juli 1945 wurde die erste Atombombe in der Wüste von Nevada in den USA erprobt, am 6. August die erste Uran-Kernwaffe über Hiroshima abgeworfen und am 9. August die erste Plutonium-Kernwaffe über Nagasaki. Dabei starben unmittelbar durch Zerstörung und Hitzewellen rund 200-220.000 Menschen, meist Zivilisten (Coulmas 2010: 22). Auch noch Jahre und Jahrzehnte später starben durch Verstrahlung und nach großem Leiden weitere Menschen.

Die Aufrüstung mit Nuklearwaffen in den USA und in der UdSSR erreichte etwa Ende der 1960er ein Ausmaß, dass beide führenden Atommächte befähigte, nicht nur das potentiellen Feindesland, sondern die gesamte Menschheit mehrmals zu vernichten. Die Overkill-Kapazitäten in den Arsenalen mit Nuklearwaffen hatten weit reichende Folgen für das militärische Denken und Planen und für die internationale Politik (zuerst Kissinger 1959; siehe auch Herz 1961). Allmählich setzte sich die Einsicht durch, dass Nuklearwaffen eigentlich nicht mehr zur Kriegsführung geeignet seien, sondern nur noch zur Abschreckung. Nukleare Abschreckung funktioniert aber kaum, wenn sie allein auf Bluff beruht, setzt also die militärische Fähigkeit und auch Bereitschaft voraus, Nuklearwaffen im Verteidigungsfall einzusetzen.

Die Glaubwürdigkeit der nuklearen Abschreckung versuchte man auf viererlei Weise zu stärken: erstens durch die Entwicklung von Nuklearwaffen mit kleinerer Schadenswirkung und von Trägersystemen, die diese Waffen zielgenauer einsetzbar machen, zweitens von Einsatzdoktrinen, die an die Stelle der massiven Vergeltung mit allen vorhandenen Nuklearwaffen eine flexible Verteidigung ermöglichen sollten, auf die von einem Aggressor eingesetzten militärischen Mittel angemessen zu reagieren. Drittens sollte durch einen umfassenden Schutz (Einbunkerung von Abschussrampen für Nuklearraketen) bzw. eine hohe Mobilität der Nuklearwaffensysteme mit geheim gehaltenen Bewegungsrouten (permanente Flugzugbewegungen, fahrbare Raketenabschussrampen, U-Boote) die so genannte Zweitschlagsfähigkeit erhalten werden. Viertens haben umfangreiche technische Spionage- oder Überwachungssysteme (in Flugzeugen, Schiffen, Weltraumsatelliten usw.) zusätzlich zu der traditionellen Spionage mittels Agenten das wechselseitige Informationsniveau über die militärischen Fähigkeiten und politischen Absichten des potentiellen Feindes erhöht und damit zur wechselseitigen Sicherheit beigetragen.

Insbesondere die nukleare Zweitschlagskapazität wurde zu einem Eckstein der wechselseitigen nuklearen Abschreckung, weil sie gewährleistet, dass keine Nuklearmacht eine andere durch einen Überraschungsangriff weitgehend entwaffnen kann und somit eine berechenbare militärische Siegoption erhält. Die nukleare Zweitschlagskapazität bewahrt die Fähigkeit einer Nuklearmacht, einen Aggressor auch dann noch zu vernichten, wenn das angegriffene Land bereits weitgehend zerstört ist. Der öffentlich heftig diskutierte Verzicht auf die Option eines Ersteinsatzes von Nuklearwaffen im Falle eines Angriffs mit überlegenen konventionellen Waffen blieb umstritten und wurde unterlassen, früher von der NATO, die sich für konventionell möglicherweise unterlegen erklärte, in jüngster Zeit von Russland, dessen konventionelle Streitkräfte in einem desolaten Zustand sind.

Außer den fünf „offiziellen" Besitzern von Nuklearwaffen im Sicherheitsrat der Vereinten Nationen haben jedoch auch, wie erwähnt, Israel, Indien, Pakistan und Nordkorea Atomwaffen. Andere Staaten hatten infolge der Auflösung der Sowjetunion im

Dezember 1991 vorübergehend Atomwaffen im Besitz (Kasachstan, Belarus, Ukraine), auch wenn strittig ist, ob sie über die Möglichkeiten eines Einsatzes derselben verfügten. Jedenfalls haben diese drei Staaten ihre Atomwaffen an Russland abgetreten bzw. für ihre Vernichtung gesorgt.

Schließlich trieben auch mehrere Staaten die Forschung zur Herstellung eigener Atomwaffen voran, haben sie aber abgebrochen und den Nichtverbreitungsvertrag (NPT) für Nuklearwaffen von 1968 (Müller/Schörnig 2006: 177.182) unterzeichnet und befolgt. Dieser Vertrag sieht das Verbot der Herstellung, des Erwerbs und der Weitergabe von Kernwaffen vor, außerdem Verhandlungen zur nuklearen Abrüstung der Vertragsstaaten mit Kernwaffenbesitz. Er schließt aber nicht das Recht zur friedlichen Nutzung der Atomenergie unter Kontrolle der Internationalen Atomenergie-Organisation aus. Er kann auch gekündigt werden. Die Geltung des Vertrags war zunächst auf 25 Jahre befristet, wurde aber 1995 auf unbegrenzte Zeit verlängert (Müller 2010). In Verbindung mit dem Nichtverbreitungsvertrag steht der Vertrag für einen umfassenden Teststopp von Nuklearwaffen (CTBT), der zwar bis Mai 2010 von 153 Staaten ratifiziert wurde, aber noch nicht in Kraft ist, weil einige Staaten mit kerntechnischen Fähigkeiten ihn noch nicht unterzeichnet oder ratifiziert haben, darunter die USA, die VR China, Israel, Indien, Pakistan und Nordkorea.

Die Kritik am nuklearen Abschreckungssystem und seinen Prämissen wie hinreichende Information über die Fähigkeiten und Absichten des potentiellen Feindes oder Rationalität des politischen Verhaltens, auch unter Zeitmangel und hohem Stress, war eine der zentralen Gegenstände der Friedens- und Konfliktforschung von den 1960er Jahren bis zum Ende des Ost-West-Konflikts (in Deutschland Bahn brechend Senghaas 1981).

Seit dem Zusammenbruch der kommunistischen Parteiherrschaft und dem Untergang der Sowjetunion wurde Russland in eine enge sicherheitspolitische Kommunikation in den Vereinten Nationen wie im NATO-Russland-Rat und in den bilateralen Beziehungen zwischen den USA und Russland eingebunden. Dies hat die weit verbreitete Furcht vor einem Nuklear- und Weltkrieg in der Öffentlichkeit drastisch gesenkt und auch zur Verlagerung von

Forschungsprioritäten in der Friedens- und Konfliktforschung beigetragen. Dennoch weisen diejenigen Forscher, die sich weiterhin mit der Nuklearrüstung befassen, darauf hin, dass die Nuklearkriegsgefahr anhaltend groß oder vielleicht sogar größer als früher ist, auch wenn sich ihr Charakter und ihre regionalen Schwerpunkte gewandelt haben. Waren früher Europa und Ostasien die Hauptkonfliktherde, in denen die Entstehung eines Weltnuklearkrieges für möglich gehalten wurden, so werden heute die Gefahren regional begrenzter Nuklearkriege auf dem indischen Subkontinent oder im Nahen und Mittleren Osten betont. Außerdem spielt die Sorge eine wachsende Rolle, dass nichtstaatliche Terrororganisationen Nuklearwaffen erwerben und einsetzen oder gar zivile Kernreaktoren sprengen könnten (Sauer 2007). Ihnen gegenüber muss nukleare Abschreckungspolitik weitgehend versagen.

Ein dritter Weltkrieg wurde bislang verhütet, obwohl es seit 1945 wiederholt Situationen gab, in denen viele Zeitgenossen mit der Möglichkeit seines Beginns rechneten. Bereits in der Frühphase des Kalten Krieges schien die Krise um den freien Zugang der Westmächte nach Berlin und den zivilen Luftverkehr zwischen Westberlin und der Bundesrepublik Deutschland 1948/49 weltkriegsträchtig. Auch eine Eskalation des Koreakriegs zum Weltkrieg schien in den Jahren 1950/51 durchaus denkbar. In zahlreichen anderen lokalen und regionalen Krisen wurden die Atomstreitkräfte der USA und der UdSSR in Alarm versetzt. Außerdem sorgten Fehler in den Computersystemen wiederholt für eine gefährliche Situation. Am stärksten und eindeutigsten jedoch geriet die Welt im Oktober und November 1962 an den Rand eines Weltnuklearkrieges, als die Sowjetunion auf Kuba heimlich atomar bestückbare Mittelstreckenraketen dislozierte. Nach Entdeckung der Raketen durch US-amerikanische Flugzeugkameras erzwang der US-amerikanische Präsident John F. Kennedy durch massiven öffentlichen und diplomatischen Druck mit Kriegsdrohungen und gleichzeitig durch geschickte Kompromissbereitschaft gegenüber der Führung der Sowjetunion unter Nikita S. Chruschtschow den Abzug der sowjetischen Raketen von Kuba. Die Kuba-Raketen-Krise und das Krisenverhalten aller beteiligten politischen Parteien auf der ganzen Welt ist bis heute ein wichtiges Forschungsfeld nicht nur für Historiker sondern auch für solche Forscher, die Strategien für zukünftiges Krisenverhalten entwerfen wollen (Greiner 2010).

Seit dem Zusammenbruch der kommunistischen Parteiherrschaft in Europa und dem Ende des Ost-West-Konflikts haben sich die Konfliktherde, in denen sich ein Dritter Weltkrieg entzünden könnte, teilweise verlagert. Am gefährlichsten dürfte nach wie vor die nationale und gesellschaftspolitische Spaltung Koreas und Chinas sein, denn ein Krieg zwischen Nord- und Südkorea oder zwischen der Volksrepublik China und der Republik China (Taiwan) würde unvermeidlich auch die USA involvieren. Ein Krieg zwischen Indien und Pakistan, der sich an Auseinandersetzungen in und um Kaschmir entzünden könnte, ließe sich hingegen, selbst wenn in ihm Nuklearwaffen zum Einsatz kämen, vielleicht regional eindämmen, da hier nicht unmittelbar die Interessen der anderen großen Nuklearmächte USA, Russland und VR China betroffen wären. Doch der konkrete Anlass für die Eskalation eines lokalen Konflikts zu einem immer noch nicht völlig auszuschließenden Dritten Weltkrieg lässt sich nicht prognostizieren.

4.6 Die Internationalisierung von Bürgerkriegen

Staaten und vorstaatlichte Herrschaftsgebilde waren niemals in sich und von der Außenwelt abgeschlossene Einheiten. Sie haben stets in andere hineingewirkt und wurden selbst von anderen beeinflusst, politisch, ideologisch, ökonomisch und auch militärisch. Zu den internationalen Wirtschaftsbeziehungen gehörte stets auch der Austausch von Rüstungsgütern. Insofern kann es keinen Krieg innerhalb eines Herrschaftsgebildes geben, der nicht von außen beeinflusst wird oder in andere Herrschaftsgebilde hineinwirkt.

Mit Internationalisierung von Bürgerkriegen ist demnach nur eine spezifische Form der internationalen Einwirkung auf Bürgerkriege gemeint, die bei den einen stattfindet, bei den anderen nicht. Gemeint ist damit die Beteiligung von regulären staatlichen Truppen an dem Bürgerkrieg in einem anderen Staat, der dort meist zwischen Regierungstruppen und aufständischen bewaffneten Verbänden stattfindet, manchmal aber auch zwischen untereinander im Krieg befindlichen nichtstaatlichen bewaffneten Verbänden, etwa in zerfallenen oder zerfallenden Staaten (Schubert 2005; Spanger in: Jahn/Fischer/Sahm 2005: 213-233). Häufig beginnen Bürgerkriege als innerstaatliche Kriege, in die dann später ausländische Streitkräfte eingreifen, sei es auf Seiten der Regierung, sei es auf Seiten der Aufständischen.

Viel seltener sind zwischenstaatliche Kriege, in deren Verlauf dann auch ein Bürgerkrieg entsteht, sei es zur Unterstützung des äußeren Feindes, sei es, weil die Regierung mit diesem Frieden schließen will, die Aufständischen den Krieg gegen den in ihr Land eingedrungenen Feind aber fortsetzen wollen. Diese Form des internationalen Bürgerkrieges wurde bislang noch nicht systematisch in einem größeren Zeitraum untersucht.

Die zunehmende Bedeutung von internationalisierten Bürgerkriegen, die zunächst als innerstaatliche Kriege begannen, ergibt sich aus zweierlei: dem Rückgang und der Delegitimierung von zwischenstaatlichen Kriegen und von Eroberungen, um die direkte Herrschaft über fremde Territorien zu erlangen. Die Intensivierung der zwischenstaatlichen ökonomischen und auch kulturellen und ideologischen Beziehungen erlaubt auch die indirekte Herrschaft über andere Länder, ohne die Kosten für eine direkte Herrschaft aufbringen zu müssen. Gleichzeitig führt die Internationalisierung der gesellschaftlichen Beziehungen dazu, dass es keinem Staat und seiner Regierung oder herrschenden Elite gleichgültig sein kann, wer in den Nachbarländern regiert und herrscht, weil dies unter Umständen die Opposition im eigenen Land stärken wird, entweder weil das andersartige Regime im Nachbarland massiv und gezielt Einfluss nimmt oder schlicht als Vorbild wirkt. Solange die Gesellschaftsstrukturen in großen Teilen der Welt ähnlich waren und die Beziehungen zwischen den Herrschaftsgebilden noch nicht so intensiv, waren eher verwandtschaftliche Konstellationen der Fürsten für die militärische Intervention in Nachbarstaaten verantwortlich, die den Zweck verfolgten, diese nicht zu erobern, sondern einen genehme Person in der Herrschaft zu etablieren. Allerdings gab es in den Religions- und Konfessionskriegen Vorläufer der modernen, gesellschaftspolitisch motivierten Internationalisierung von Bürgerkriegen.

Die moderne Internationalisierung von Bürgerkriegen setzte mit der US-amerikanischen und vor allem der französischen Revolution von 1789 ein, als gesellschaftliche Bewegungen und politische Parteien mit völlig entgegen gesetzten gesellschaftspolitischen Ordnungsvorstellungen entstanden, die meist mit universalem Anspruch auftraten. Obsiegten sie in dem einen Land, wollten sie, dass dieselbe Ordnung auch in den benachbarten Ländern und tendenziell weltweit von ihnen gleich gesinnten gesellschaftspolitischen Kräften durchgesetzt werden. Die zwischenstaatliche Politik erhielt dadurch einen gesellschaftspolitischen Charakter. Zuerst wurde dies in den Revolutionskriegen von 1792-1815 deutlich, als sich die Anhänger der alten ständischen Regime aller Länder gegen die bürgerlich-revolutionären, die nationalen, liberalen, demokratischen und protosozialistischen Kräfte vereinigten. Dieses Grundmuster wiederholte sich in wechselnden Konstellationen in den folgenden Jahrzehnten in den Auseinandersetzungen zwischen Monarchisten und Republikanern, bürgerlich Liberalen und aristokratischen Ständisch-Konservativen. Mit der Oktoberrevolution in Russland 1917 verschärfte und verfestigte sich der gesellschaftspolitische Antagonismus nicht nur zwischen unterschiedlichen politischen Systemen, sondern auch zwischen Wirtschafts- und Gesellschaftsordnungen in einem multidimensionalen Ost-West-Konflikt, der erst mit dem Zusammenbruch der kommunistischen Regime in Europa in den Jahren 1989-91 drastisch an Bedeutung verlor, wenn auch in einigen Regionen in der Welt (Ostasien, Latein- und Mittelamerika) noch nicht ganz überwunden ist, in denen noch kommunistische und mit ihnen sympathisierende Regime sich mit nichtkommunistischen auseinandersetzen.

Nach einer Frühphase der missionarischen, universalen Politik der Verbrüderung Gleichgesinnter in der Geschichte sowohl der Religionen und Konfessionen als auch der modernen gesellschaftspolitischen Weltanschauungen des Liberalismus, der Demokratie, des Sozialismus und des Kommunismus setzte sich stets nach einiger Zeit ein nationaler Pragmatismus durch, der die ideologische Solidarität zugunsten geopolitischer Interessenabwägung relativierte und politische und militärische Allianzen mit den Parteien und Staaten des anderen Glaubens oder der anderen gesellschaftspolitischen Grundüberzeugung gegen die im Prinzip Gleichgesinnten anderer Länder. So verbündeten sich in den letzten Jahrzehnten Demokratien mit Autokratien gegen andere Autokratien oder auch gegen demokratische Massenbewegungen, Kommunisten mit kapitalistischen Regimen gegen andere kommunistische Staaten wie schon in früheren Zeiten christliche mit muslimischen Mächten Bündnisse gegen andere christliche eingingen und umgekehrt, wie auch katholische mit protestantischen Fürsten koalierten gegen andere derselben Konfession.

Von den religiösen und den gesellschaftspolitischen Ideen des Liberalismus, der Demokratie, des Sozialismus und auch des Kommunismus, die alle eine Vorstellung von dauerhaftem Weltfrieden haben, unterscheiden sich fundamental die sozialdarwinistischen Doktrinen des integralen Nationalismus und Rassismus, die einen dauerhaften Weltfrieden nicht nur für illusorisch halten, sondern auch als verderblich für die Entwicklung der Menschheit erachten.

Jede Glaubensgemeinschaft und jede gesellschaftspolitische Lehre entwickelt auch ein eigenes Friedensverständnis, das die weltweite Durchsetzung der eigenen Doktrin zur Voraussetzung für einen dauerhaften Weltfrieden erklärte. Nur ein Frieden in Freiheit sei ein wirklicher Frieden, wahrer Friede sei nur im Sozialismus und Kommunismus möglich, nur Demokratien seien in der Lage, den Weltfrieden zu ermöglichen. Im Unterschied zu solchen politischen Philosophien hat die Friedens- und Konfliktforschung vor allem nach dem Zusammenbruch der kommunistischen Parteiherrschaft in Europa damit begonnen, den Zusammenhang zwischen demokratischer Herrschaftsordnung und friedlichem außen- und auch innenpolitischem Verhalten in Studien zum „demokratischen Frieden" empirisch zu erforschen und versucht zu erklären, weshalb Demokratien fast durchweg untereinander im Frieden leben, aber mit nichtdemokratischen Regimen häufig Krieg führen, und zwar nicht nur zur eigenen Verteidigung, sondern auch offensiv zur „Durchsetzung einer liberal-demokratisch-kapitalistisch geprägten Weltordnung" (Brock/Geis/Müller 2007: 88). Demgegenüber ist die Forschung über die Bedingungen, unter denen Autokratien sich außenpolitisch friedlich verhalten oder zu Angriffs- und Eroberungskriegen neigen, bisher wenig vorangeschritten, zum Teil wohl auch aus demokratischer Voreingenommenheit gegenüber den Autokratien, denen apriori eine größere Kriegsneigung zugesprochen wird, ohne zu fragen, ob nicht bestimmte Typen von Autokratien häufiger in Angriffs- oder auch Verteidigungskriege verwickelt sind als andere.

Von einer Internationalisierung eines Bürgerkrieges spricht man schon, wenn ein einzelner Staat oder mehrere sich mit eigenen Truppen an einem Bürgerkrieg in einem anderen Land auf der einen oder anderen Seite beteiligen. Daraus kann ein herkömmlicher Staatenkrieg entstehen, wenn die sich einmischenden Interventionsstaaten Partei für je eine der sich bekämpfenden Bürgerkriegsparteien ergreifen.

Einen ganz anderen Charakter besitzt eine Internationalisierung eines Bürgerkrieges, die nicht primär im Namen spezifischer nationaler Interessen des oder der Interventionsstaaten erfolgt, sondern im Namen der universalen Wertordnung, des Völkerrechts und der Menschenrechte sowie der kollektiven Sicherheit, wie sie in den Satzungen zunächst des Völkerbundes und dann der Vereinten Nationen verankert wurde. Seit dem Ende des Ost-West-Konflikts nimmt der VN-Sicherheitsrat das Recht in Anspruch, den Begriff der Charta der VN von der Wahrung und Wiederherstellung des Friedens und der internationalen Sicherheit extensiver auszulegen und schwerwiegende Verletzungen der Menschenrechte bei Massen- und Völkermord – mit oder ohne das Morden auslösenden und begleitenden Bürgerkrieg – als Bruch oder Bedrohung des Friedens zu interpretieren und daraus ein Recht auf militärische Intervention zum Schutze der Menschenrechte („humanitäre Intervention") abzuleiten, zu der dann alle Mitglieder der Vereinten aufgerufen werden, an der sich aber in der Regel nur einige Dutzende Staaten unter Führung der USA beteiligen wie etwa in Somalia und Bosnien-Herzegowina 1992-1995. Aber auch regionale Organisationen können nach Art. 52, Abs. 1 der VN-Charta mit Zustimmung der Vereinten Nationen zum multinationalen militärischen Eingreifen in solchen Situationen ermächtigt werden, etwa im Westsudan (Darfur) 2004-2007 oder in der DR Kongo 2006, wobei dann meist nur eine Handvoll Staaten zur Internationalisierung eines Bürgerkrieges oder zur internationalen Unterbindung eines Massen- oder Völkermordes in Frage kommen (Griep 2008: 152).

Eine höchst problematische und völkerrechtlich wie politisch umstrittene Form der militärischen Intervention stellen „Koalitionen der Willigen" dar, die stellvertretend für einen „versagenden", weil aufgrund unüberwindbarer politischer Differenzen nicht beschlussfähigen VN-Sicherheitsrat, die friedens- und menschenrechtssichernden Funktionen im Sinne der VN-Charta übernehmen wollen, aber stets in den Verdacht geraten, partikulare nationale Interessen mit völkerrechtswidriger Gewaltanwendung wahrzunehmen.

4.7 Kleine Kriege und politischer Terror

Schon der Partisanenkrieg, der seit dem spanischen Unabhängigkeitskrieg gegen die Herrschaft Napoleons auch kleiner Krieg (*guerrilla*) im Unterschied zum großen Krieg (*guerra*) genannt wurde, ließ die Grenze zwischen Kombattanten (Kriegern, bewaffneten Kämpfern, Guerilleros) und Nonkombattanten (Zivilisten) schwinden, indem erstere oft keine Uniformen trugen, nur in kleinen Verbänden gewaltsame Überfälle und heimtückische Gewaltakte verübten und sich nicht in offenem Kampf sichtbar dem Gegner stellten, also die etablierten Kriegsregeln verletzten (Daase 1999: 60-69; Daase in Geis 2006: 152; Beckett 2001). Nach der Gewalttat suchten sie sich unter den Zivilisten zu verbergen. Diese Art des Kampfes gegen die regulären Truppen des Staates veranlasste diese bald zu unterschiedslosen Vergeltungsmassakern an der zivilen Bevölkerung, in der sich die Partisanen tatsächlich, vermeintlich oder auch nur angeblich verbargen. Solche Repressalien trugen nicht selten zur Rekrutierung neuer Aufständischer bei, die in Zukunft nicht die wehrlose und vergeltungslose Hinmetzelung von Zivilisten hinnehmen wollten. Mit der Politisierung der Bevölkerung seit dem 20. Jahrhundert hat der kleine Krieg, der oftmals einen regulären Krieg fortsetzt, wie jüngst im Irak und in Afghanistan, in großen Teilen der Welt Verbreitung gefunden.

Durch Überfälle auf reguläre Truppen oder auch nur durch Diebstähle in deren Waffendepots versuchen sich die Aufständischen ein eigenes Waffenarsenal zuzulegen, sofern sie keine Möglichkeiten des Waffenkaufs besitzen. Ziel des klassischen kleinen Krieges ist es, auf die Dauer die Partisanenverbände, die zwar reguläre Truppen erheblich schädigen und dezimieren, aber nicht militärisch besiegen können, zu einer disziplinierten regulären Armee auszubauen, die die gegnerischen Streitkräfte in offenen Schlachten besiegen und damit einen Frieden zu eigenen Bedingungen erlangen können.

Die modernen Terroranschläge, die manchmal zu einem ganzen System von häufig sich wiederholenden Terrorakten (Terrorismus) verknüpft werden (Waldmann 2005: 14-18; Meggle in Kronfeld-Goharani 2005: 15-36), sind einerseits eine Ausdehnung traditioneller Attentate auf die Herrscher oder andere hohe Repräsentanten des Staates in der Hoffnung, damit die Autorität und Führungskraft des Staates zu schwächen und Aufstände zu ermutigen, andererseits eine Fortentwicklung des kleinen Krieges. Da in modernen Staaten die Führungspersonen meist austauschbar sind und ihre Nachfolger die bisherige Politik im Prinzip fortführen, sie auch immer mehr polizeilich und technisch effektiv geschützt werden können, sind die Ziele des modernen Terrorismus weiter gespannt. Einerseits sollen weiterhin Repräsentanten des politischen und gesellschaftlichen Systems getötet werden, aber nicht mehr nur die höchsten, sondern auch einfache Soldaten, Polizisten, Bürgermeister, Parlamentarier, Manager, Lehrer usw., andererseits soll durch die Vernichtung von beliebigen Zivilisten bei einzelnen Anschlägen mit Dutzenden und Hunderten Toten und Verletzten die Zivilbevölkerung terrorisiert, also eingeschüchtert und zur Unterwerfung unter die Gewaltdrohungen der Terroristen gezwungen werden. Nicht mehr die Mobilisierung von aufständischer Empörung und Moral gegen die herrschenden Gewalthaber ist das Ziel, sondern die Erzeugung von Furcht bei einer Mehrheit, die sich einer neuen Minderheitenherrschaft unterwerfen soll (Kronfeld-Goharani 2005: 39).

Terrorismus ist kein Ziel, sondern ein Mittel wie Krieg, kleiner Krieg, Wahlkampf, das für eine bestimmte Politik eingesetzt und auch oft als eine Taktik im Krieg verwandt wird. Antiterrorismus versäumt häufig, sich mit den politischen Zielen und mit den sozialen, ökonomischen und kulturellen Ursachen terroristischer Aktivitäten auseinanderzusetzen, sondern konzentriert sich meist nur auf die polizeiliche, juristische oder militärische Verfolgung der Terroristen, deren Taten überwiegend als besonders verwerfliche Mordtaten und Verbrechen gelten, nur von gesellschaftlichen Minderheiten als Heldentaten von aufopferungsvollen Freiheitskämpfern oder gar Märtyrern (politischen Selbstmordattentätern) für eine gerechte Sache verherrlicht werden. In der Friedensforschung findet die wissenschaftliche Auseinandersetzung mit dem Terrorismus oftmals unter dem übergreifenden Begriff der neuen Kriege statt (Kaldor 2000: 8-25; Münkler 2002: 175-205) oder der asymmetrischen, kleinen Kriege statt (Daase 1999: 12 f.).

Als Eigenheit der neuen Kriege wird das Verschwimmen der Grenzen zwischen transnationalem Bürgerkrieg, organisiertem Verbrechen und massiven Menschenrechtsverletzungen im Kontext der Globalisierung angesehen (Kaldor 2000:8). Als besondere Charakteristika dieser Kriege werden herausgestellt eine Politik der partikularen Identität, eine Kriegführung auf der Grundlage von Erfahrung des Guerilla- wie des Antiguerillakrieges und eine globalisierte Kriegsökonomie (ebenda: 15-20).

5 Ausgewählte Forschungsfelder der Friedens- und Konfliktforschung

Seit der Ausdehnung des Gewalt- und damit auch des Friedensbegriffs findet eine ständige Ausdehnung der Forschungsfelder der Friedens- und Konfliktforschung statt, deren Forschungsergebnisse kaum noch von einem einzelnen Wissenschaftler übersehen oder gar fachkundig kritisch beurteilt werden können, weil die involvierten Wissenschaftsdisziplinen, Themen und Fragestellungen oft hoch spezialisiert sind. Einige der Forschungsfelder stehen jedoch seit Jahrzehnten im Blickpunkt vieler Friedens- und Konfliktforscher.

5.1 Kriegs- und Friedensursachen

Die Kriegsursachenforschung gehört zu den ursprünglichen Forschungsfeldern der Friedensforschung wie auch anderer Wissenschaften, die sich mit dem Phänomen des Krieges auseinandersetzen. Sie geht von der Annahme aus, dass es allgemeine, tiefere Ursachen für alle Kriege oder für einen bestimmten Typus von Kriegen geben könnte, die wissenschaftlich erforschbar und unter Umständen durch geeignete politische und gesellschaftliche Handlungen beseitigt werden können (Lider 1983: 12, 48). Diese systematische Forschung unterscheidet sich von der herkömmlichen historischen Wissenschaft, die schon stets nach den spezifischen Ursachen einzelner Kriege gesucht hat, ohne Generalisierungen für die Ursachen aller Kriege machen zu wollen.

In der Kriegsursachenforschung gilt es zunächst den Begriff der Ursache nach Möglichkeit präzise zu fassen, ihn unter Umständen zu unterteilen (mittelbare, unmittelbare Ursache) und ihn von den Begriffen des Grundes, des Motivs, der Bedingung, der Voraussetzung, des Faktors, des Einflusses und des Anlasses zu unterscheiden, auch danach zu fragen, ob eine Ursache nicht ihrerseits auf Ursachen zurückzuführen ist. In der politischen Philosophie wurden schon stets allgemeine Ursachen des Krieges aufgrund von Lebenserfahrungen, Menschen- und Weltbildern sowie Plausibilitätsargumenten erörtert. In den modernen Sozialwissenschaften gibt es eine Neigung, als wichtigste Kriegsursache eine zu identifizieren, die im eigenen Forschungsfeld angesiedelt ist, also entweder eine ökonomische, eine innenpolitische, eine im gesellschaftlichen oder im internationalen System oder auch in den militärischen Kräfteverhältnissen verankerte. So lassen sich demographische (Übervölkerung), individual- oder sozialpsychologische, biologische, ethologische, anthropologische (kulturalistische), soziologische, geopolitische, politökonomische, ökologische (sich auf die gesellschaftliche und die natürliche Umwelt bezogene), moralisch-religiöse, militärtechnische Erklärungsansätze von Krieg finden (Lider 1983: 17-46). Zahlreiche Imperialismustheorien versuchen, Kriege auf ein territoriales, ökonomisches oder politisches Expansionsstreben zurückzuführen, das wiederum im menschlichen Wesen, der menschlichen Natur oder in einer spezifischen historischen Gesellschaftsordnung begründet sei, so vor allem in der kapitalistischen, nach anderen Theoretikern auch in der sozialistischen. Manche Kriegsursachentheorien versuchen einen ganzen Komplex von Ursachen zu identifizieren anstatt nur eine einzelne, tiefer liegende ergründen zu wollen (Lider 1983: 47 f.). Andere Forscher unterscheiden Ebenen der Kriegsursachenerklärung, etwa die der menschlichen Natur, des politischen Systems von Staaten und des internationalen Systems (Waltz 1959: 12). Schon immer galten manche Völker aufgrund ihrer Sozialisationsweise durch Erziehung und praktische Erfahrung als kriegerisch, andere als eher friedlich.

Den Theorien des „demokratischen Friedens" liegt implizit oder explizit die Annahme zugrunde, dass Autokratien eine Neigung zum Krieg haben, dass also die Überwindung aller Autokratien auf der Erde durch eine Politik und einen Prozess der Demokratisierung und Zivilisierung die wesentliche Kriegsursache beseitigen könnte (Brock/Geis/Müller 2007: 86).

Selbstverständliche Prämisse jeder Friedensbemühung ist die Annahme, dass der Krieg nicht unabänderlich in der Natur und Unvollkommenheit des Menschen und der menschlichen Gesellschaft begründet ist, dass Menschen also sich und die Gesellschaft verändern können, um den Krieg als eine besondere Austragungsform von Konflikten sowohl in einzelnen kriegsträchtigen Krisen zu vermeiden als auch ganz allgemein aus der zukünftigen Geschichte zu verbannen. Während erstere These breite Zustimmung erfährt außer bei denen, die von Situationen sprechen, in denen „ein Krieg unvermeidbar" geworden sei oder auch in Zukunft werden könne, wird letztere These nur sehr selten entschieden vertreten. Die skeptische Hoffnung Immanuel Kants, dass der dauerhafte Weltfrieden „keine leere Idee, sondern eine Aufgabe [sei], die ... ihrem Zeile (weil die Zeiten, in denen gleiche Fortschritte geschehen hoffentlich immer kürzer werden) beständig näher kommt" und zwar „nur in einer ins Unendliche fortschreitenden Annäherung" (Kant 1970: 251) findet sich auch heute noch unter den meisten Friedens- und Konfliktforschern. Sie haben eine ähnliche Haltung zum Krieg wie zur Krankheit: Selbst wenn es unwahrscheinlich ist, dass jemals die Menschheit dauerhaft gesund wird, also es vermutlich immer wieder auch kranke Menschen in krankheitsgenerierenden gesellschaftlichen Verhältnissen geben wird, lohnt es sich, entschieden und nach bestem Wissen Krankheit zu bekämpfen.

Seit etwa der Mitte der 1970er Jahre sind große, umfassende gesellschafts- und geschichtstheoretische Entwürfe eher selten und im wissenschaftlichen Diskurs unüblich geworden, damit auch die allgemeinen Kriegsursachenlehren. Stattdessen konzentriert sich die Forschung mehr auf partikulare, situationsspezifische Theorien und auf die empirische Erforschung einzelner Kriege und kriegsträchtiger Krisen und Situationen. Dennoch gehen in jede empirische Untersuchung eines einzelnen Krieges wie etwa des Irakkrieges 2003 oder des Südossetienkrieges 2008, gleichgültig ob heute bei noch unzureichender Quellenlage oder ob in einigen Jahrzehnten nach Öffnung der Archive, unvermeidbar theoretische Prämissen über mögliche Kriegsursachen ein. Aus diesem Grunde macht es auch heute noch Sinn, sich mit allgemeinen Kriegsursachentheorien zu befassen, auch wenn man es für notwendig hält, sich mit den spezifischen Ursachen jedes einzelnen Krieges zu befassen, die sicherlich im Falle des Irakkrieges ganz andere sind als im Falle des Südossetienkrieges oder des Zweiten Weltkrieges.

Die Friedensursachenforschung ist im Vergleich zur Kriegsursachenforschung jüngeren Datums, weil sich nach herkömmlicher Denkweise Frieden dann ergibt, wenn man die Kriegsursachen beseitigt hat. Also bedurfte es keiner besonderen Friedensursachenforschung. Eine eigene Friedensursachenforschung ist aus zweierlei Überlegungen und Fragestellungen sinnvoll. Zum einen befasst sie sich mit Krisen, in denen die Zeitgenossen annahmen, dass ein Krieg höchstwahrscheinlich oder „unvermeidbar" war, der aber dann aufgrund zu erforschender Ursachen nicht stattfand. Sie untersucht dann konkrete historische Erfahrungen mit erfolgreicher Kriegsverhütungs- und Friedenspolitik und deren Ursachen (Matthies 1997: 13), nicht nur mit friedenspolitischen Programmen und Absichten wie häufig üblich. Zum anderen geht Friedensursachenforschung der Frage nach, weshalb in manchen Regionen der Erde bereits heute seit vielen Jahrzehnten dauerhafter Frieden herrscht und keine Anzeichen erkennbar sind, dass dies sich in Zukunft ändern wird. Diese Forschung setzt sich also sowohl mit den innenpolitischen Ursachen einer dauerhaften Friedenspolitik als Innen- und als Außenpolitik in einem Lande (z. B. Schweiz) auseinander, als auch mit den internationalen Beziehungen in einer Friedenszone wie Skandinavien, Nordamerika oder der ganzen OECD-Welt (Senghaas in Matthies 1997: 46-64), innerhalb derer es seit langer Zeit keinen binnenverursachten Krieg mehr gegeben hat und in denen sich Frieden als Zivilisierungsprojekt, wenn auch durchaus nicht ungefährdet, durchgesetzt hat. Nach Dieter Senghaas ist es durch sechs Sachverhalte in einem „zivilisatorischen Hexagon" gekennzeichnet: Gewaltmonopol, Verfassungsstaat, Affektkontrolle, demokratische Beteiligung, soziale Gerechtigkeit und konstruktive politische Konfliktstruktur (Senghaas 1995: 198-203).

5.2 Friedenssicherung durch die Vereinten Nationen und regionale internationale Organisationen

Der Hauptzweck des Völkerbundes als weltweiter Staatenbund, der seit 1945 Vereinte Nationen heißt, ist nach wie vor neben einer zunehmenden Fülle von ökonomischen, sozialen, ökologischen und kulturellen Funktionen der Organe der Vereinten Nationen und ihrer zahlreichen, rechtlich selbständigen Sonderorganisationen, den Weltfrieden und die internationale Sicherheit zu gewährleisten. Dieser Friedensbund erklärt jeden Angriff auf einen Staat, seine territoriale Integrität und Souveränität (als oberster Recht setzender Autorität in seinen Staatsgrenzen) zu einem Angriff auf die gesamte Staatengemeinschaft und berechtigt und verpflichtet sie zur kollektiven Verteidigung des angegriffenen Staates durch geeignete Mittel einschließlich militärischer Mittel, sofern alle nichtmilitärischen diplomatischen Mittel und auch ökonomische und sonstige Sanktionen versagen. Der Friedensbund beruht also auf dem Prinzip der kollektiven Sicherheit. Die vollständige völkerrechtliche Ächtung des Angriffskrieges durch eine Mehrheit aller Staaten fand erst seit dem Inkrafttreten des Kellogg-Briand-Paktes im Jahre 1929 statt und erhielt endgültig weltweite Geltung durch die Satzung der Vereinten Nationen, die zunächst nur von den Siegermächten des Zweiten Weltkrieges unterzeichnet wurde, dann aber nach und nach auch von den neutralen und besiegten sowie den im Prozess der Dekolonisation entstandenen Staaten. Seit dem Beitritt der Schweiz zu den Vereinten Nationen im Jahre 2002 sind die Vereinten Nationen tatsächlich ein universaler Staatenbund, dem alle sich wechselseitig völkerrechtlich anerkennenden Staaten angehören.

Die Idee eines Staatenbundes hatte sich 1920 gegenüber den modernen Konzepten einer Weltrepublik und insbesondere einer Weltföderation in der Nachfolge der antiken und mittelalterlichen Idee einer Weltmonarchie, wie sie sowohl in der französischen Revolution als auch in der russischen Oktoberrevolution auftauchten, als geschichtsmächtiger erwiesen. Zwar wurde 1922 die Union der Sozialistischen Sowjetrepubliken als Kern einer zukünftigen internationalen Welträterepublik und Konkurrenzgebilde zum marktwirtschaftlich-kapitalistischen Völkerbund gegründet, erwies sich dann aber rasch nur als Nachfolgestaat des untergegangenen Vielvölkerreiches Russland. Neuformulierungen der Weltstaatsidee mit liberal-demokratischer Verfassung in der westlichen Welt, wie sie in und nach dem Zweiten Weltkrieg vorgetragen wurden, blieben ohne relevante gesellschaftliche und politische Unterstützung und werden auch heute „nicht besonders ernst genommen" (Malanczuk in: Lutz-Bachmann/Bohman 2002: 195).

Um die Handlungsfähigkeit der Vereinten Nationen gegenüber dem 1946 aufgelösten Völkerbund zu erhöhen, erhielt der VN-Sicherheitsrat, der aus fünf ständigen Mitgliedern (USA, Russland, VR China, Großbritannien, Frankreich), deren Einstimmigkeit bei wichtigen Beschlüssen dieses Organs erforderlich ist, und aus zehn für jeweils zwei Jahre gewählten Mitgliedern aus den fünf großen Regionen des VN-Systems besteht, die hauptsächliche Verantwortung für den Weltfrieden und die internationale Sicherheit. Die fünf Weltregionen des VN-Systems sind: Afrika, Asien, Osteuropa, Lateinamerika und Karibik, Westeuropa und andere, d. h. Nordamerika, Australien, Neuseeland, Japan und Israel. Sicherheitsratsresolutionen bedürfen außer der Zustimmung oder Enthaltung der ständigen Mitglieder einer qualifizierten Mehrheit aller Sicherheitsratsmitglieder von neun Stimmen. Der Sicherheitsrat allein hat das Recht, neben zahlreichen friedlichen Instrumenten und Sanktionen auch militärische Maßnahmen gegen einen Staat zu ergreifen, der nach Ansicht des Sicherheitsrates den Weltfrieden gebrochen hat oder ihn bedroht.

Daneben kann aber auch die Vollversammlung aller Mitglieder friedenspolitische Initiativen ergreifen. Völkerrechtlich und satzungsrechtlich umstritten ist, ob sie auch mehrheitlich militärische Funktionen übernehmen darf, wie es die „Vereint-für-den-Frieden-Resolution" von 1960 beansprucht hat, falls der Sicherheitsrat nicht handlungsfähig ist. Der VN-Sicherheitsrat erlangte jedoch dadurch eine größere Handlungsfreiheit als in der Satzung vorgesehen, dass das Einstimmigkeitspostulat der VN-Satzung informell als erfüllt gilt, auch wenn ein ständiges Mitglied des Rates sich der Stimme enthält. Insgesamt hatte sich das dadurch entstandene so genannte Veto-Recht der ständigen Sicherheitsratsmitglieder im

Ost-West-Konflikt von 1945 bis 1990 höchst ambivalent ausgewirkt. Einerseits paralysierte es in allen großen Konflikten den Sicherheitsrat und auch andere VN-Organe und verurteilte sie zur Untätigkeit, andererseits verhinderte es die mehrheitliche Instrumentalisierung der VN zunächst jahrzehntelang durch die USA und ihre Verbündeten gegen die Sowjetunion und ihre Verbündeten, dann seit den 1960er Jahren durch die meisten Dritte-Welt-Staaten – manchmal im Bündnis mit der Sowjetunion – gegen die westlichen Industriestaaten.

Erst nach dem Zusammenbruch der kommunistischen Parteiherrschaft in Europa wurde der VN-Sicherheitsrat friedenspolitisch handlungsfähiger. Dennoch halten ihn viele Staaten für reformbedürftig, ohne dass sie bislang eine Übereinstimmung herbeiführen konnten, ihn um bestimmte weitere Mitglieder zu erweitern und die Kompetenzen seiner Mitglieder anzugleichen oder in anderer Weise zu verändern (Lutz Bachmann/Bohman 2002: 63: Volger 2007: 487-571). Häufig werden Japan, Deutschland, Indien, Brasilien und Südafrika neben anderen Ländern wie Argentinien oder Nigeria als Kandidaten für einen ständigen Sitz im Sicherheitsrat genannt, zum einen wegen ihres hohen finanziellen Beitrages zum VN-Budget und ihrer Rolle in der Weltwirtschaft, zum anderen wegen ihres demographischen und politischen Gewichts in Asien, Lateinamerika und Afrika.

Die VN-Satzung sieht an sich vor, dass ein gemeinsamer Militärausschuss der fünf ständigen Sicherheitsratsmitglieder geschaffen wird und die Staaten Truppenkontingente unter VN-Kommando stellen. Dazu ist es jedoch bis heute nicht gekommen, da kein Land seine Soldaten der nationalen, souveränen Entscheidung zu entziehen bereit ist und die VN-Organe nicht einmal die Bildung von Freiwilligen-Verbänden unter VN-Kommando zulassen wollen. Auch ohne die Bildung des gemeinsamen Militärausschusses haben die Vereinten Nationen bisher einige Male Friedenserzwingungsaktionen (*peace enforcement measures*) entweder unter eigenem Kommando durchgeführt oder unter dem Kommando eines ausgewählten Mitgliedsstaates ermächtigt.

Schon bald nach ihrer Gründung entwickelten die Vereinten Nationen ein friedenspolitisches Instrument des Sicherheitsrates und auch der Vollversammlung, das in ihrer Satzung nicht vorgesehen war und zwischen den friedlichen Instrumenten des Kapitels VI und den militärischen Zwangsinstrumenten des Kapitels VII der VN-Satzung angesiedelt ist: die friedenserhaltenden Aktionen oder Maßnahmen (*peacekeeping measures*). Dabei werden mit Zustimmung der Konfliktparteien im Grenzgebiet oder auf dem Territorium einer oder beider Konfliktparteien VN-Truppen mit leichter Bewaffnung stationiert. Sie haben keinen Kampfauftrag. Die Waffen sollen nur zur persönlichen Selbstverteidigung der VN-Soldaten im Falle vereinzelter bewaffneter Anschläge dienen. Die Funktion der VN-Truppen ist es, einen Waffenstillstand oder Friedensvertrag zu überwachen, Störungen derselben durch bewaffnete Personen oder Gruppen an die Führungen der Konfliktparteien zu melden, um die Wiederherstellung der Waffenruhe durch diese zu veranlassen. Bei solchen Aktionen werden oftmals auch Polizisten und Zivilisten eingesetzt.

Hin und wieder dienten auch friedenserhaltende Aktionen der Vereinten Nationen dazu, die Übergangsverwaltung in einem Gebiet zu gewährleisten, das seine staatliche Zugehörigkeit wechselte. Dann kamen auch Polizisten und Zivilisten im Rahmen der VN-Aktion zum Einsatz (MacQueen 2006; Rubinstein 2008: 13).

Nach den zahlreichen ethnonationalen Bürgerkriegen und friedenserhaltenden Aktionen der VN in den 1990er Jahren forderte der VN-Generalsekretär Boutros Boutros-Ghali ein weiteres friedenspolitisches Instrument, das zur Friedenskonsolidierung (*peacebuilding*) vor allem nach nur notdürftig beigelegten Bürgerkriegen und bewaffneten Konflikten dienen soll, von denen erfahrungsgemäß einige erneut in bewaffnete Auseinandersetzungen mündeten oder münden können (Drews 2001: 25). Solche erneut kriegsträchtigen Konflikte nennt man auch „eingefrorene Konflikte", bei denen meist das Recht auf territoriale Integrität eines international anerkannten Staates in Widerspruch zum beanspruchten Selbstbestimmungsrecht einer nationalen Bewegung und eines De-facto-Staates steht, der faktisch die Herrschaft über ein Volk und ein Gebiet und effektiv wie jeder andere Staat ausübt, ohne von allen anderen Staaten und von den Vereinten Nationen als souveräner Staat anerkannt zu werden. Manche dieser Staaten werden jedoch von einem oder einigen Staaten anerkannt, so etwa seinerzeit die DDR, heute die Republik China (Taiwan), das Kosovo, Abchasien oder die Nordzyprische Republik.

Friedenskonsolidierende Aktionen sollen aber nicht nur nach Kriegen (*post conflict situations*) zur Kriegsnachsorge eingesetzt werden, sondern auch der Prävention von kriegerischen Zuspitzungen von ethnonationalen oder anderen gesellschaftspolitischen Konflikten, also zur Vorsorge vor einem Krieg, dienen. Dazu sind zahlreiche zivile Wiederaufbaumaßnahmen, die Entwaffnung und zivile Wiedereingliederung der bewaffneten Verbände der Konfliktparteien, die Rückführung von Flüchtlingen, aber auch entwicklungs-, gesundheits- und bildungspolitische Aktivitäten vorgesehen, die geeignet scheinen, ein Wiederaufflammen eines beigelegten Krieges oder ein Entzünden eines neuen Krieges zu verhüten. Zu solchen friedenskonsolidierenden Aktionen können zahlreiche Sonderorganisationen der VN sowie Internationale Nichtregierungsaktionen hinzugezogen werden und einen Beitrag leisten.

5.3 Rüstungsdynamik, Rüstungskontrolle, Abrüstung

Die Prozesse, die das Rüstungsgeschehen bestimmen, stehen im Zentrum vieler Studien zur Krieg-Frieden-Problematik, da die Fähigkeit zur Kriegsführung nicht nur vom politischen Willen und der gesellschaftlichen Bereitschaft zum Krieg abhängt, sondern ganz entscheidend von der materiellen Rüstung mit Waffen, Waffen- und Truppentransportmitteln, Instrumenten der Waffenabwehr wie Befestigungen und Panzerungen usw. sowie von der sozialen, geistigen und psychischen Rüstung mittels der Erzeugung von Kriegs- oder Wehrbereitschaft, militärischer Ausbildung und Organisation. Infolge des seit der industriellen Revolution rasch zunehmenden wirtschaftlichen Reichtums und des technologischen Fortschritts spielen Rüstungsökonomie und Rüstungsausgaben sowie Rüstungswissenschaft und Rüstungstechnik eine oft ausschlaggebende Rolle für das militärische Macht- und Drohpotential und für Sieg, Remis oder Niederlage im Krieg.

Rüstung als Kern des militärischen Macht- und Drohpotentials von Staaten oder auch von politischen Parteien in brüchigen Staaten ist ein wichtiger Faktor für die innerstaatliche und vor allem für die internationale Politik auch in Friedenszeiten. Erkenntnisse und Annahmen über das Rüstungsgeschehen spielen deshalb ganz allgemein eine zentrale Rolle in der Wissenschaft von den internationalen Beziehungen, die kurz Internationale Beziehungen genannt wird, und insbesondere in der Friedens- und Konfliktforschung. Beide Forschungsrichtungen befassen sich deshalb mit denselben Theorien der Politik und der internationalen Beziehungen (Schieder/Spindler 2003; Krell 2009), wobei jedoch die Friedens- und Konfliktforschung eine Präferenz für die Theorien des Liberalismus und des Institutionalismus hat.

Eine der Aufgaben der Erforschung des Rüstungsgeschehens ist die Ermittlung des Rüstungsverhaltens aller Staaten der Erde. Dazu gehören die Rüstungsausgaben, die bei den einzelnen Staaten einen unterschiedlich hohen Anteil am Staatshaushalt und am Bruttoinlandsprodukt haben. Weltweit wurden im Jahre 2009 geschätzte 1.531 Milliarden US-Dollar ausgegeben. Das waren 2,7 Prozent des Weltinlandsprodukts. Die USA allein gaben 661 Milliarden US-Dollar aus, 4,3 Prozent des Bruttoinlandsprodukts. In Deutschland betrugen die entsprechenden Zahlen 45,6 Milliarden und 1,3 Prozent (SIPRI Yearbook 2010: 177, 203).

Andere wichtige Kennziffern des Rüstungsverhaltens sind die Quantität und Qualität wichtiger Waffensysteme wie Raketen, Flugzeuge, Panzer, Kriegsschiffe sowie die Rüstungsexporte (ebenda: 285-305). Hinzu kommen Daten über den Umfang bereitstehender und mobilisierbarer Truppen.

Besondere Aufmerksamkeit verdienen die Massenvernichtungs- oder ABC-Waffen, also atomare, biologische und chemische Waffen. Zu den Atommächten gehören heute außer den fünf ständigen Mitgliedern des Sicherheitsrates Russland mit ca. 12.000 Atomsprengköpfen, USA mit 9.600, Frankreich mit 300, die VR China mit 240 und Großbritannien mit 225 auch Pakistan mit 70-90, Israel mit 80, Indien mit 60-80 und Nordkorea mit einigen wenigen; das sind weltweit also ca. 22.600 nukleare Sprengköpfe (SIPRI Yearbook 2010: 334, 364).

Weitere Staaten besitzen die Fähigkeit, innerhalb recht kurzer Zeit Atomwaffen herzustellen. Krankheitserreger und natürliche Gifte wurden zwar gelegentlich schon seit der Antike in der Kriegsführung angewandt, aber lassen sich erst seit dem Ende des 19. Jahrhunderts künstlich erzeugen. Die Wirkung biologischer Waffen (Barnaby 2002) lässt sich in ihrer Ausbreitung nur schwer auf den Kriegsgegner begrenzen, so dass sie bisher kaum eingesetzt wurden und deshalb am leichtesten international zu ächten waren. Sie werden aber als potentielle Instrumente von Terroristen gefürchtet (Schäfer 2002). Auch erste chemische Waffen wurden vereinzelt bereits in der Antike eingesetzt. Die industrielle Produktion von Chemiewaffen führte jedoch erst im Ersten Weltkrieg zum umfangreichen Einsatz dieser Waffen (Martinetz 1995: 55-121). Doch auch hier konnte unerwarteter Windwechsel zum Tode eigener Soldaten beitragen. Die Furcht vor der grauenhaften Todesart und die Abneigung der Militärs gegen diese unberechenbaren Waffen führten im Zweiten Weltkrieg zur erfolgreichen wechselseitigen Abschreckung des Einsatzes der großen Arsenale von Chemiewaffen. Nach 1918 wurden Chemiewaffen vor allem dort eingesetzt, wo der Kriegsgegner nicht über diese Waffenart verfügte, also vor allem in Kolonialkriegen und in Kriegen gegen Aufständische.

Ein weiteres Forschungsthema sind Erklärungsansätze für die Rüstungsdynamik (Buzan/Herring 1998: 75-130; Müller/Schörnig 2006: 38-73). Dabei wird zwischen Theorien der Außenleitung und solchen der Innenleitung unterschieden, die das Rüstungsverhalten eines Staates entweder auf äußere Faktoren, das Verhalten anderer Staaten oder die Struktur des internationalen Systems, oder auf innerstaatliche Faktoren in der Gesellschaft und Politik eines Staates zurückführen. Jahrelang wurden die beiden Theorien entgegengesetzt. Dann setzten sich jedoch komplexere Erklärungsansätze durch, die sowohl äußere als auch innere Faktoren zu kombinieren trachteten.

Außenleitungstheorien setzen in der Regel einen politischen Gegensatz zwischen Staaten voraus, der eine potentielle Bedrohung des einen Staates oder Staatenbündnisses durch andere Staaten beinhaltet. Eng verbündete oder sich wechselseitig nicht als Bedrohungsquelle wahrnehmende Staaten pflegen in der Regel nicht die Rüstung der „befreundeten" Staaten als Grund für eigene Rüstungsanstrengungen anzusehen, es sei denn, es geht um die Konkurrenz um Hegemonial- und Rangpositionen im Bündnis. Unter Umständen ist die Rüstung des Bündnispartners sogar ein Grund, eigene Rüstungsanstrengungen zu vermeiden oder gar abzurüsten.

In der politischen Öffentlichkeit dominiert jedoch weiterhin das Außenleitungstheorem in seiner einfachsten Form: die Rüstung des eigenen Landes wird als Reaktion auf die Rüstung eines oder mehrerer anderer Staaten gerechtfertigt, vor allem in Systemen mit einer ausgeprägten Gegnerschaft wie dem Ost-West-Konflikt von 1947-1990 oder dem Konflikt zwischen Pakistan und Indien seit 1947. Infolge der Diskreditierung und schließlich Ächtung des Angriffskrieges im 20. Jahrhunderts wird Rüstung vor allem mit der Bedrohung durch potentielle Kriegsfeinde gerechtfertigt. Diese kann aus offen oder versteckt erklärter politischer Feindschaft oder gar Kriegsabsicht, manchmal auch nur aus der bloßen Unterschiedlichkeit der politischen oder gesellschaftlichen Ordnung oder gar nur der nationalen Kultur hergeleitet werden. Wird eine potentielle Kriegsfeindschaft vorausgesetzt, stellt die Rüstung des vermeintlichen oder tatsächlichen Gegners oder Feindes den Maßstab für die eigene Rüstung dar, sei es zum Erzielen einer Sieg versprechenden Überlegenheit, zu einem angenommenen Gleichgewicht der militärischen Kräfte oder zu einer hinreichenden Abschreckung und Verteidigung. Die eigene Rüstung gilt hierbei als Reaktion auf die rüstungspolitische Aktion der anderen Seite. Dies führte zu der analytischen Denkfigur des Aktions-Reaktions-Schemas und des Rüstungswettlaufs sowie zur Begründung des Sicherheitsdilemmas, bei dem die Rüstung zur Sicherung und eventuellen Verteidigung des einen Staates gleichzeitig als Bedrohung durch den gegnerischen Staat wahrgenommen und zum Anlass seiner weiteren Aufrüstung genommen wird.

Demgegenüber suchten rüstungskritische Theorien den Grund für Aufrüstung gern in innerstaatlichen, gesellschaftlichen Faktoren höchst unterschiedlicher Art, die ganz unabhängig von internationalen Konstellationen wirken und unter Umständen nur aus propagandistischen, die eigene Rüstung legitimierenden Gründen

den Popanz einer Bedrohung von außen suggerieren oder gar an der tatsächlichen Entstehung eines äußeren Bedrohung interessiert seien. Als solche innerstaatlichen Faktoren werden in verschiedenen Varianten der Innenleitungstheorien entweder partikulare wirtschaftliche und soziale Interessen, vorzugsweise des Militärs und der Rüstungsindustrie (militärisch-industrieller Komplex), aber auch Teile der Bürokratie, der Wissenschaft, der die Interessen von Rüstungsarbeitern vertretenden Gewerkschaften identifiziert oder aber ideologische, d. h. realitätswidrige Feindbilder in Teilen der Gesellschaft, in den Medien, in den politischen Denkfabriken und selbst in den Kirchen und Religionsgemeinschaften, zu deren Erklärung auch sozialpsychologische Deutungen (Autismus) bemüht werden (Senghaas 1981: 176-187).

Arms Control, gemeinhin fälschlich mit Rüstungskontrolle übersetzt, beabsichtigt die meist wechselseitig vereinbarte Steuerung der Rüstungsdynamik aus unterschiedlichen Gründen (Neuneck/Mutz 2000: 105-109; Müller/Schörnig 2006: 124-127). Sie will zum einen zur Kriegsverhütung und zur Stabilisierung der Beziehungen zwischen den potentiellen Kriegsparteien beitragen, zum anderen eine Schadensbegrenzung im Kriegsfall herbeiführen und zum dritten die Rüstungskosten senken. Viertens wird sie oft auch als Vorstufe zur Abrüstung verstanden. Viele Vereinbarungen zur Rüstungssteuerung versuchen lediglich einen Aufrüstungsprozess zu regulieren und zu begrenzen, setzen also für einen bestimmten Zeitraum vereinbarte Aufrüstungsziele für die Konfliktparteien fest. Andere hingegen haben die Reduzierung von Rüstungsarsenalen, also eine Teilabrüstung im Auge, hin und wieder gar die Beseitigung einer ganzen Waffengattung wie z. B. der nuklear bestickten Mittelstreckenraketen der USA und der UdSSR mit einer Reichweite von 500-5.500 km (INF-Abkommen 1987).

Rüstungskontrolle versucht, entweder einzelne Räume von der Rüstung auszunehmen (Meeresboden, Antarktis, atomwaffenfreie Zonen, Weltraum) oder einzelne Waffengattungen zu begrenzen oder gänzlich abzuschaffen bzw. nicht entstehen zu lassen. Am leichtesten waren stets Übereinkünfte zu erzielen, bei denen der militärische Nutzen eines Waffensystems nicht oder nur schwer zu bestimmen war, etwa bei den biologischen (1925, 1972) oder auch bei den chemischen Waffen (1925, 1997). War die Rüstungskontrolle lange eine Angelegenheit von zwischenstaatlichen Verhandlungen, so haben seit den 1990er Jahren auch zivilgesellschaftliche Organisationen einigen Einfluss auf das Verbot von Landminen in den meisten Ländern gehabt (1999), während sie bei der Einschränkung der Kleinwaffenproduktion und -verbreitung bisher fast gänzlich erfolglos blieben (Krell/Minkwitz/Schörnig 2004: 572-575).

Allgemeine und vollständige Abrüstung in der ganzen Welt war in den 1950er und 1960er Jahren ein Ziel, das außer von der pazifistischen Friedensbewegung vor allem von der sowjetischen Propaganda verkündet wurde. Es wich jedoch im Zuge einer pragmatischen Entspannungspolitik zunehmend dem der Rüstungssteuerung bzw. Rüstungskontrolle. Selbst der größte Teil der Friedensbewegung konzentrierte sich dann nur noch auf das der nuklearen Abrüstung, ohne viel mehr zu erreichen, als ein günstigeres politisches Klima für Entspannung und Rüstungskontrolle zu unterstützen. Das Ziel der nuklearen Abrüstung wird zwar im Nichtverbreitungsvertrag ganz allgemein verkündet, hin und wieder auch von einer Regierung bekräftigt, ohne dass die nuklear gerüsteten Staaten bereit sind, wirklich auf substantielle Waffenarsenale zu verzichten, die ihren militärischen Rang unter den Staaten bestimmen.

Jede Politik der Rüstungskontrolle ist in grundsätzliche Ansichten über das Wesen der internationalen Politik, der Bedeutung von militärischer Überlegenheit oder des Gleichgewichts der Kräfte, der Kriegsursachen, der Vorstellung der Eigendynamik von Rüstungsprozessen, der Kriegsvermeidung, der militärischen Vertrauensbildung und der Friedenssicherung eingebettet und somit von einem höchst komplexen Entscheidungsprozess sowohl innerhalb von Regierungen und Machteliten als auch von internationalen Verhandlungen abhängig.

5.4 Friedensvölkerrecht und Weltordnungspolitik

Innerhalb eines Herrschaftsverbandes oder Staates hat Recht die Aufgabe, die Austragung zwischenmenschlicher Konflikte mit friedlichen Mitteln zu gewährleisten, in dem es friedliche Verhaltensregeln festlegt und rechtliche Instanzen schafft, die Streitfälle zwischen den Menschen und ihren gesellschaftlichen Zusammenschlüsse verbindlich entscheidet. Die Verrechtlichung der zwischenmenschlichen Beziehungen schließt zwar Gewalt nicht völlig aus; sie kann weder die widerrechtliche Gewaltanwendung gänzlich verhindern noch auf das Monopol auf legitime Anwendung von Staatsgewalt zur Durchsetzung des Rechts verzichten. In der Regel genügt dabei richterliche und polizeiliche Zwangsgewalt, nur im äußersten Falle wird auch staatliche tödliche Gewalt angewandt. Recht will jedoch die staatliche Gewalt weitgehend in Inhalt und Form begrenzen. Dies schließt allerdings nicht aus, dass auch staatliche Organe in manchen Situationen und vor allem unter undemokratischen, rechtsstaatsfeindlichen Regimen exzessiv Gewalt gegen eigene Bürger ausüben.

Recht funktioniert zwar weitgehend nur, wenn die Bürger eines Staates die Rechtsnormen verinnerlicht haben und anerkennen oder zumindest aus Furcht vor Strafe befolgen, aber keine moderne Gesellschaft ist fähig, ohne die Androhung und Ausübung von Staatsgewalt in letzter Instanz Recht zu setzen und zu praktizieren. Insofern gibt es in keinem Land einen Frieden ohne Gewalt, es existiert lediglich gewaltarmer Frieden.

In den zwischenstaatlichen Beziehungen gibt es keine übergeordnete, Recht setzende und Recht durchsetzende Gewalt einer universalen Institution. Seit der frühen Neuzeit ist auch die Hoffnung auf eine Universalherrschaft in einem Weltreich oder Weltstaat, die im Inneren der Welt für dauerhaften Frieden und ein allgemein gültiges Recht sorgt, weitgehend geschwunden. Stattdessen hat sich ein so genanntes Völkerrecht, das eigentlich ein Staatenrecht ist, entwickelt, das die zwischenstaatlichen Beziehungen verrechtlichen soll. Da es keinen universalen Gesetzgeber gibt, hat sich Völkerrecht zunächst überwiegend durch Gewohnheit im Verhalten zwischen den Staaten entwickelt, wird aber in der Neuzeit immer mehr schriftlich in Verträgen zwischen den Staaten festgelegt. Seit der Gründung eines Staatenbundes von im Prinzip weltweiter Reichweite im Jahre 1920 (Völkerbund, danach Vereinte Nationen), beansprucht auch dieser mit seinen Organen verbindliche Rechtsnormen festzulegen, die teilweise auch für die Länder und Gebiete Geltung beanspruchten, die noch nicht Mitglied des Staatenbundes waren.

Eine strikte Trennung zwischen Völkerrecht setzender und Völkerrecht ausübender Gewalt hat bislang nicht stattgefunden und die Recht sprechende Gewalt des Internationalen Gerichtshofes ist noch sehr beschränkt auf die Streitfälle, die ihm von den Konfliktparteien vorgelegt werden, sowie auf Gutachten auf Ersuchen der Organe der Vereinten Nationen und ihrer Spezialorganisationen. Für die Verfolgung gravierender Verletzungen des Völkerrechts (Völkermord, Verbrechen gegen die Menschlichkeit bzw. die Menschheit, Kriegsverbrechen, auch Aggression, sobald das Delikt rechtlich verbindlich definiert ist) wurde 2002 der Internationale Strafgerichtshof durch einen Vertrag zwischen der Mehrheit der VN-Mitgliedsstaaten gegründet, der aber bislang von zahlreichen Staaten, darunter den USA, Russland und der Volksrepublik China noch nicht anerkannt wird. Zuvor hatten in den späten 1940er Jahren die Nürnberger und Tokioter Prozesse der Hauptsiegermächte wegen Verbrechen gegen den Frieden und zur Vorbereitung von Massenmorden stattgefunden. In den 1990er Jahren wurden vom VN-Sicherheitsrat zwei befristete Internationale Strafgerichtshöfe für das ehemalige Jugoslawien und für Ruanda geschaffen worden.

Völkerrecht gliedert sich in ein Friedensrecht und ein Kriegsrecht (Kimminich 2008: 423-469). Wurde in früheren Jahrhunderten den Staaten ein Recht zum Krieg (*jus ad bellum*) zugebilligt, so ist der Angriffskrieg seit 1929 (Kellogg-Briand-Pakt) schrittweise geächtet worden. Der Verteidigungskrieg und auch der vom VN-Sicherheitsrat beschlossene Interventionskrieg zur Wiederherstellung des Weltfriedens und der internationalen Sicherheit bleiben jedoch völkerrechtskonform. In der Literatur ist zwar häufig von einem Gewaltverbot der VN-Charta die Rede. Tatsächlich ist aber in ihr nur von einem Verbot „der Drohung mit Gewalt oder der Gewaltanwendung" die Rede, „die gegen die territoriale Unversehrtheit oder die politische Unabhängigkeit irgendeines Staates gerichtet ist" (Art. 2, Abs. 4). Nicht gemeint ist die Gewaltandrohung oder -anwendung zur Verteidigung oder Wiederherstellung der territorialen Integrität und der Souveränität eines Staates. Und selbstverständlich ist auch kein Verbot innerstaatlicher legitimer Gewaltausübung zur Sicherung des Friedens innerhalb der Staatsgrenzen gemeint. Das Kriegsrecht versucht, die militärische Gewaltanwendung im Krieg zu begrenzen (*jus in bello*), den Schutz von nicht am Kampf beteiligten Zivilisten (Nicht-Kombattanten), Verwundeten und Kriegsgefangenen zu erhöhen und besonders grausame Waffensysteme zu verbieten. Zwar ist bislang eine Annäherung an eine rechtlich verbindliche Definition von Angriffskrieg erfolgt (Hummrich 2001: 78-85), die aber noch nicht ausreichend ist und zum Beispiel noch nicht eindeutig den rechtlich unzulässigen Präventionskrieg vom rechtlich zulässigen Präemptionskrieg zum Zwecke der Verteidigung und Abwehr eines bevorstehenden Angriffskrieges unterscheidet (Kimminich 2008: 275).

War in der Satzung der Vereinten Nationen die politische und vor allem die gewaltsame Einmischung in die inneren Angelegenheiten von Staaten ausgeschlossen worden, so hat in den letzten Jahrzehnten der internationale Schutz der Menschenrechte als weiteres Ziel der Völkerrechtsgemeinschaft an Bedeutung gewonnen. Durch eine extensivere Auslegung des Friedensbegriffes wird weithin auch eine staatliche Organisation oder Duldung schwerwiegender Menschenrechtsverletzungen vom Sicherheitsrat und sogar, was heftig umstritten ist, von ad-hoc-Staatenallianzen als Friedensbruch und als möglicher Grund für eine völkerrechtlich gebotene oder erlaubte internationale militärische Intervention zur Beendigung solcher schweren Menschenrechtsverletzungen wie Völker- und Massenmord und zur Verhinderung weiterer Gräueltaten angesehen (Brock in: Lutz-Bachmann/Bohman 2002: 207).

Da solche internationale Militärinterventionen zum Schutz vor schwerwiegenden Menschenrechtsverletzungen (so genannte „humanitäre Interventionen") leicht in Verdacht kommen, durch die Hintertür wieder die Institution des Angriffskrieges einzuführen, wird in diesen Fällen das Fehlen einer Trennung von internationaler Recht sprechender und exekutiver Gewalt beklagt. Deshalb wird in Kreisen der Völkerrechtswissenschaft und der Friedensforschung darüber nachgedacht, neue Institutionen zu schaffen, die den Tatbestand von im Gang befindlichen oder bevorstehenden, von einem Staat ausgeübten oder geduldeten schweren Menschenrechtsverletzungen festzustellen, ehe der Sicherheitsrat andere Staaten ermächtigen kann oder muss, diese Menschenrechtsverletzungen auch unter Anwendung militärischer Gewalt zu unterbinden. Entsprechende Vorschläge gehören zu den zahllosen Bemühungen um eine Reform des Systems der Vereinten Nationen, die ihre Kompetenzen erweitern, die Partizipation der Staaten im Sicherheitsrat erweitern und die Rolle der Nichtregierungsorganisationen verstärken wollen.

Weltordnungspolitik geht über die friedenspolitische Reaktion auf Kriege und Kriegsgefahren hinaus und versucht, national und multinational Vorstellungen zu entwerfen und zu praktizieren, die eine dauerhafte Weltordnung gewährleisten, die die inter- und transnationale Kooperation beträchtlich ausweitet, die zwischen- und innerstaatliche Gewaltanwendung minimiert, substantielle Abrüstung ermöglicht, weltweit den Wohlstand, die Bildung und die Gesundheit mehrt und den sozialen Ausgleich sowie die Erhaltung und Regeneration der natürlichen Umwelt fördert.

Über die zwischenstaatliche Weltordnungspolitik von Regierungen hinaus geht eine zivilgesellschaftliche Weltinnenpolitik (Bartosch 1995), die von der Gleichheit und Gleichberechtigung aller Weltbürger (Höffe in: Lutz-Bachmann/Bohman 2002: 31) ausgeht, ein Konzept des human-globalen Gemeinwohls und des Weltethos aus den Traditionen der Religionen und Philosophien aller Kulturen entwickelt und dementsprechende politische Verhaltensweisen für alle Weltbürger, die Weltorganisationen und auch für die partikularen nationalen Regierungen entwickelt.

5.5 Ethnonationale Konflikte

Nach dem Ende des Ost-West-Konflikts in Europa, in dem ethnische und nationale Differenzen weitgehend dem gesellschaftspolitischen Systemgegensatz untergeordnet oder unterdrückt worden waren, kamen alte und neue ethnische und ethnonationale Konflikte wieder zum Vorschein und nahmen in Jugoslawien und der Sowjetunion und ihren Nachfolgestaaten hier und da äußerst gewaltsame, kriegerische und massenmörderische Formen an. Auch in Westeuropa bekamen solche Konflikte eine größere Bedeutung, während diejenigen in der Dritten Welt wohl kaum stärker wurden, sondern lediglich vermehrt ins allgemeine Bewusstsein rückten.

Ethnische Konflikte haben ganz unterschiedliche Wurzeln und Verlaufsformen. Umstritten ist nicht selten, ob eine bestimmte Gruppe überhaupt eine eigene Ethnie darstellt oder nicht. Selbstbestimmung und Fremdbestimmung ethnischer Zugehörigkeit oder Identität können erheblich auseinander fallen und beide eine große gesellschaftspolitische Bedeutung und Brisanz erlangen. In beiden Fällen wird Ethnie durch gesellschaftliches Bewusstsein konstituiert, das meist bestimmte kulturelle, sprachliche oder verwandtschaftliche Merkmale als Gemeinschaft konstituierend hervorhebt. Also nicht die Gemeinsamkeit bestimmter Merkmale begründet die Existenz einer Ethnie, sie kann lediglich die Grundlage einer statistischen Gruppe bzw. Kategorie sein, sondern erst das Bewusstsein, aufgrund dieser Merkmale eine gesellschaftliche Gruppe oder Gemeinschaft zu sein, sich miteinander verbunden zu fühlen (Horowitz 1985: 17, 51-54) und sich auch dementsprechend zu verhalten. Dabei kann es ganz unterschiedliche Formen und Intensitäten der Verbundenheit oder kollektiven „Identität" geben. Wichtiges Indiz einer solchen Verbundenheit ist die Benutzung eines gemeinsamen Gruppennamens, eines Ethnonyms.

Ethnisches Bewusstsein nimmt wie jedes gesellschaftliches außer dem global-humanen Bewusstsein Inklusionen und Exklusionen vor, schließt also meist wenige Menschen in die eigene Gruppe ein und die meisten anderen aus. Gegenüber den anderen, die in der Regel auch die Fremden sind, die man gar nicht oder nur wenig kennt, werden in aller Regel aus Unkenntnis, aufgrund vereinzelter, jedoch verallgemeinerter Erfahrungen oder auch nur aufgrund von Gerüchten und absichtlicher Propaganda Vorurteile entwickelt, und zwar eher negative als positive. Eigene ethnische Überlegenheitsansprüche sind weitaus häufiger als Minderwertigkeitsgefühle. Dennoch führt ethnisches Bewusstsein nicht notwendig zu Ethnozentrismus, Xenophobie (Fremdenfeindlichkeit), Nationalismus oder gar Rassismus. So wie man seine eigenen Eltern und Geschwister in aller Regel besser kennt als die Eltern anderer, sie oft mehr achtet, wertschätzt oder gar liebt als die Eltern und Geschwister anderer, fremder Menschen, so schließt die besondere Wertschätzung der eigenen Gruppe keineswegs den grundsätzlichen Respekt für die anderen und Fremden aus, ihre Anerkennung als gleiche und gleichwertige. Das Bewusstsein ethnischer Differenz kann also durchaus mit dem Bewusstsein der Gleichheit und Gleichberechtigung aller Ethnien gepaart sein.

Ethnische Konflikte (Horowitz 1985) hat es zu allen Zeiten gegeben, wenn auch in historisch und regional ganz unterschiedlichen Austragungsformen. Stets geht es bei solchen Konflikten um gesellschaftliche Positionen der angestrebten Überlegenheit oder Gleichheit sei es einzelner Menschen unterschiedlicher Ethnizität, sei es ganzer Gruppen in einem engeren (Dorf, Stadt) oder weiterem Gemeinwesen (Herrschaftsverband, Stamm, Staat). Häufig spielt die ethnische Differenz auch bei Konflikten zwischen den Gemeinwesen eine wichtige Rolle neben den Konfliktursachen, die auch bei Auseinandersetzungen zwischen Gemeinwesen gleicher Ethnizität eine Rolle spielen.

Da Ethnien häufig unterschiedliche soziale Rangpositionen in einer Gesellschaft einnehmen, werden soziale Konflikte manchmal allein durch die ethnische Differenz und Diskriminierung erklärt. Dann werden unter Umständen die sozialen Differenzen und Konflikte innerhalb der beteiligten Ethnien ignoriert oder gering geachtet. Nicht selten verlaufen aber auch die sozialen Trenn- und Konfliktlinien quer durch alle Ethnien in einer polyethnischen Gesellschaft. In der Gegenwart neigen viele Autoren dazu, ethnische Konflikte auf soziale zurückzuführen, wie auch Horowitz bemerkt (1985: 13) ohne zu erkennen, dass ethnosoziale Konflikte auf der wechselseitigen Verstärkung von ethnischen und sozialen Interessen und Emotionen und Motivationen beruhen, die sich analytisch nur schwer trennen lassen. Somit lässt sich auch nur selten ergründen, ob die einen die grundlegenderen sind als die anderen. Sozialer oder sozioökonomischer Reduktionismus in der Konfliktanalyse verkennt allzu leicht die Eigenständigkeit der Relevanz ethnischer Konfliktpotentiale selbst unter den Bedingungen gleicher oder ähnlicher sozialer Stellung von Ethnien.

Ethnische Konflikte lassen sich von nationalen und diese auch von zwischenstaatlichen Konflikten unterscheiden, wenn man unter Nation eine Großgruppe versteht, die eine eigene Staatlichkeit will, sei es eine bestehende, eine wieder zu errichtende oder eine neu zu schaffende. Eine Staatlichkeit oder ein Staatwesen kann ein unabhängiger, souveräner Staat sein, aber auch ein staatliches Gebilde in einem Staat, sei es ein föderierter Gliedstaat (z. B. Flandern, Tatarstan), sei es ein autonome staatliche Einheit (z. B. Åland, Katalonien, Bozen-Südtirol) oder auch eine autonome korporative Einheit (Sprachgemeinschaften in Belgien). Historische Voraussetzung der Verwirklichung des nationalen Willens einer Großgruppe ist die Durchsetzung des Prinzips der Volkssouveränität (der obersten Staat konstituierenden und Recht setzenden Gewalt) in der amerikanischen und französischen Revolution gegen das Prinzip der Souveränität der Fürsten oder des Adels und der Patrizier. Insofern unterscheiden sich moderne Nationen von vormodernen Nationen der Antike, des Mittelalters und der Frühen Neuzeit.

Nationen können auf zweierlei Weise entstehen. Entweder entsteht unter den Angehörigen eines Staates ein Bewusstsein der bürgerlichen Zusammengehörigkeit (Staatsnation) oder die Angehörigen einer Ethnie (selten mehrerer Ethnien) wollen einen früher bestehenden Staat wiederherstellen (Ethnonation, z. B. die Polen vor 1918 und nochmals vor 1945) oder einen neuen Staat gründen. Dies kann durch die Vereinigung von mehreren Staaten (z. B. Deutsches Reich 1871) oder durch die Abspaltung eines Gebiets von einem Staat oder Staatenkonglomerat unter einer gemeinsamen Herrschaft (Reich) geschehen (z. B. USA, Griechenland). Die Umwandlung von Fürsten- in Nationalstaaten ist in Europa relativ selten geschehen (z. B. Frankreich, Portugal) und dann auch meist unter Verlust von Teilen des Herrschaftsgebiets (überseeische Kolonien) und des kontinentalen Territoriums (Schweden, Vereinigtes Königreich), die Vereinigung von Staaten jedoch noch seltener (Schweiz, Italien, Deutschland). Die Hauptform der Bildung unabhängiger Staaten in Europa und weltweit ist bis heute der nationale Separatismus, die Abspaltung eines Teiles von einem bestehenden Staatsgebiet (Jahn, Bd.1. 2008: 54). Hin und wieder werden jedoch auch Einheitsstaaten in multinationale Bundesstaaten (z. B. Russland nach 1917, Belgien) umgewandelt oder es werden in ihnen national autonome Territorien oder Korporationen gebildet. Im Idealfalle haben die Bürger eines solches Bundes- oder Autonomienstaates sowohl ein partikulares Nationalbewusstsein (z. B. als Katalanen, Flamen, Schotten) als auch übergreifendes Bundesnationalbewusstsein (als Spanier, Belgier, Briten).

Die Europäische Union besitzt bereits begrenzte Elemente eines Bundesstaates und kennt bereits eine Unionsbürgerschaft (also ein Unionsvolk) neben den dominanten partikularen Staatsbürgerschaften und Staatsvölkern. Gegenwärtig ist der Wille zur politischen Einheit Europas, also europäisches Nationalbewusstsein, noch recht schwach im Vergleich zum herkömmlichen partikularen Staats- und Nationalbewusstsein. Während einige Autoren aufgrund der europäischen Integration gern vom postnationalen Zeitalter reden, spricht manches dafür, dass eher eine europäische Supranation, also eine Bundesnation im Entstehen begriffen ist, die die partikularen Nationen nicht abschafft, sondern überwölbt. So wie man wallonische und belgische Staatlichkeit wollen kann, so ist auch der Wille zu französischer und europäischer Staatlichkeit durchaus kombinierbar. Nicht postnationales, sondern zwei- oder mehrfach gestaffeltes Nationalbewusstsein dürfte in Zukunft in Europa vorherrschen.

Ethnonationale Konflikte (Schneckener 1996: 4; Austin/Fischer/Ropers 2004) sind demnach Konflikte um die Durchsetzung einer (unabhängigen, föderierten oder autonomen) Staatlichkeit, während es bei ethnischen und ethnosozialen Konflikten lediglich um die gesellschaftlichen Positionen von Ethnien in einem Staat geht. Internationale Konflikte sind genau genommen Konflikte zwischen staatlich verfassten Nationen, obwohl man in der Wissenschaft von den internationalen Beziehungen darunter meist nur Konflikte zwischen Staaten infolge der Gleichsetzung von Staat und Nation versteht.

In Staatskrisen und Umbruchzeiten wird jedoch deutlich, dass in manchen Staaten nur eine staatstragende Minderheit oder eine politisch zu schwache Mehrheit den bestehenden Staat wirklich will, das Staatsvolk also nur eine putative, eine vermeintliche Nation ist, so dass diese Staaten ohne nationalen Zusammenhalt ihrer Bürger zerfallen (z. B. DDR, Jugoslawien, Sowjetunion und dieser Tage Sudan). Ein großer Teil der historischen Literatur bezeichnet die gesellschaftlichen Großgruppen, die oben als Ethnien bezeichnet wurden, entweder als Nationen (Kulturnationen) oder als Nationalitäten, demzufolge dann polyethnische Staaten als Imperien, Vielvölkerstaaten oder Nationalitätenstaaten, seltener auch als multinationale Staaten. Nur der Staat mit einer mehrheitlich einheitlich ethnischen Bevölkerung gilt dann als Nationalstaat. In der Wissenschaftsdisziplin Internationale Beziehungen meint hingegen Nationalstaat oftmals bloß souveräner, unabhängiger Staat, gleichgültig, wie sich seine Bevölkerung ethnisch zusammensetzt und ob er von der Mehrheit oder einer starken Minderheit der Bevölkerung akzeptiert wird oder nicht.

Bei der Auflösung der Kolonialreiche wurde versucht, recht willkürlich in einem Staat zusammengefasste Ethnien durch eine Politik des Nationsaufbaus (*nation-building*) in einer Staatsnation zu integrieren, sowohl durch zahlreiche ökonomische, verkehrstechnische, soziale Maßnahmen als auch durch entsprechende politische Erziehungsstrategien (Fukuyama 2006: 86-104). Der Erfolg der Nationskonstruktion durch staatliche Politik von oben blieb jedoch recht beschränkt, so dass viele postkoloniale Staaten nach der Unabhängigkeit von heftigen ethnischen und oft auch ethnonationalen Konflikten erschüttert und geschwächt wurden und bis heute werden. Mittlerweile gilt eine wachsende Zahl von Staaten als schwache, gescheiterte oder scheiternde bzw. zerfallende oder als zerbrochene Staaten (Rotberg 2003: 10-19). Während in Europa eine lange Geschichte der gesellschaftlichen und herrschaftlichen Integration die Verschmelzung von zahlreichen Stämmen zu relativ wenigen Völkern mit Schriftsprachen und mit manchmal Zigmillionen Mitgliedern begünstigt hat, blieb in der vorkolonialen Gesellschaftsgeschichte in Asien, Lateinamerika und vor allem in Afrika eine große ethnische Vielfalt mit ausgeprägten Konfliktstrukturen erhalten, die häufig von den europäischen Kolonialherren ignoriert oder geschickt für die Durchsetzung und den Erhalt ihrer Herrschaft genutzt und genährt wurden.

Friedenspolitisch wird mit ethnischen und ethnonationalen Konflikten höchst unterschiedlich umgegangen. Dem Ziel des friedlichen Zusammenlebens der Ethnien und Nationen sehen die meisten Forscher gedient, wenn sie ihr Zusammenleben und ihre Kooperation innerhalb des bestehenden Staates fördern können. Mittel dazu sind die Analyse und Bekämpfung von ethnischen und nationalen Vorurteilen, die Förderung von interethnischen und interethnonationalen Beziehungen, die rechtliche Gleichberechtigung und die soziale Gleichstellung von Menschen unterschiedlicher Ethnizität, die Anerkennung von Minderheiten- und Sprachenrechten, die Kooperation zwischen den nationalen Organisationen und Parteien und die Förderung, die Gründung von Organisationen und Parteien mit Mitgliedern unterschiedlicher ethnischer und nationaler Zugehörigkeit, die konstruktive Konfliktbearbeitung mittels verschiedener Formen der Mediation und der Streitschlichtung, die Versöhnung von verfeindeten Ethnien und Nationen und nationalen Bewegungen (Ropers 2007), vor allem von ihren Organisationen, Parteien und bewaffneten Verbänden oder nur schlicht die Konfliktreduktion (Horowitz 1985: 563-680).

Eine weitere Möglichkeit, ethnonationale Konflikte in friedliche Bahnen zu lenken, ist die Umwandlung von durch eine ethnonationale Mehrheit geprägten Einheitsstaaten in multinationale Bundesstaaten oder in Staaten mit national-autonomen Territorien, die den zahlenmäßig und politisch schwächeren Ethnonationen eine weitgehende Selbstständigkeit (Selbst- und Mitbestimmung) im Rahmen des bestehenden Staates bietet.

Nur im äußersten Falle des Auseinanderlebens von Ethnonationen oder ethnonationalen Gruppen ist eine vertraglich geregelte staatliche Trennung eine friedenspolitische Option, die entweder einen lang anhaltenden ethnonationalen Bürgerkrieg beenden oder nach einer längeren friedlichen Auseinandersetzung einer demokratisch-plebiszitären Willenserklärung einer separationswilligen Bevölkerungsmehrheit in einem Grenzgebiet eines bestehenden Staates entsprechen kann. Die Teilung der Tschechoslowakei ist ein Beispiel für eine friedliche ethnonationale Scheidung, die Abspaltung des Kosovo ein anderes für eine international erzwungene nach einem Bürgerkrieg, die allerdings noch nicht völkerrechtlich völlig abgeschlossen ist.

5.6 Aggression als individuelles und kollektives Verhalten

Neben dem engeren Verständnis von Aggression als Angriffskrieg wird in der Psychologie, Soziologie, Ethologie und in der Pädagogik von Aggression als einem Verhaltensantrieb gesprochen, der entweder ganz allgemein jeglicher menschlichen Bewegung und Aktivität zugrunde liegt oder der nur auf Widerstand, Gewaltanwendung, Schädigung und Zerstörung eines Gegenstandes oder eines Lebewesens gerichtet ist (Mitscherlich 1969: 51). Dementsprechend wird Aggression entweder als eine neutrale menschliche Eigenschaft betrachtet, die sowohl positive als auch negative Auswirkungen haben kann oder aber sie wird generell negativ eingeschätzt, als etwas, das im Interesse eines friedlichen Zusammenlebens der Menschen verhütet oder eingedämmt werden muss (Eibl-Eibesfeldt 1975: 41).

In der Friedensforschung konzentriert sich das Forschungsinteresse vor allem auf die schädigende, verletzende und vernichtende Aggression als einzelner Handlung bzw. die Aggressivität als entsprechende Handlungsbereitschaft und Handlungsweise. Dabei wird unterschieden zwischen aggressiver Absicht und aggressiver Wirkung eines Geschehens und nach Möglichkeiten der Kontrolle, d. h. der Steuerung und Eindämmung von Aggression gefragt. In den vergangenen Jahrzehnten wurden heftige Kontroversen zwischen den Theoretikern ausgefochten, die von einem angeborenen Aggressionstrieb oder Aggressionsinstinkt ausgehen und denjenigen, die Aggression als das Produkt einer gesellschaftlichen Situation, etwa einer Enttäuschung (Frustration), interpretieren (Volmerg 1977: 25). Dementsprechend unterscheidet man zwischen Trieb- oder Instinkttheorien, Lerntheorien und Frustrations-Aggressionstheorien. In der Triebtheorie gilt Aggression als unvermeidbar, jedoch gleichzeitig auch als steuer- und in unschädliche Bahnen ableitbar und somit bis zu einem bestimmten Ausmaß als kontrollierbar. In den beiden anderen Theorien hingegen gilt

Aggression als erst durch bestimmte gesellschaftliche Verhältnisse erzeugt und damit als im Prinzip vermeidbar oder reduzierbar. Während die erste Theorie einen eher fatalistisch-konservativen Beiklang besitzt, begünstigt letztere eher optimistische pädagogische und gesellschaftspolitische Vorstellungen.

Die schroffe Gegenüberstellung der Theorien wurde schließlich dadurch gemildert, dass auch die Aktions-Reaktions-Theorie und die Frustrationstheorie in diversen Varianten nicht in Abrede stellen, dass es unter keinen gesellschaftlichen Verhältnissen gelingt, politische und pädagogische Bedingungen für ein völlig aggressionsfreies Verhalten herzustellen, es also darauf ankommt, Chancen für den Ausdruck nicht tödlicher und scharf verletzender aggressiver Bedürfnisse zu schaffen. Dies setzt ein Studium der Anpassungszwänge der Gesellschaft voraus, die in Konflikt geraten können mit der Bedürfnisstruktur der Individuen (Volmerg 1977: 17; Horn 1988: 25). Diesem Ziel können auch Triebtheoretiker zustimmen und es für realisierbar halten. Berücksichtigt man fernerhin, dass man unter Aggression auch den Antrieb zu produktiver und konstruktiver Bewegung und Tätigkeit verstehen kann und dass es auch zur Verteidigung berechtigter Interessen einer gewissen Aggressivität bedarf, so verliert das Konzept eines Friedens ohne jegliche menschliche Aggressivität und Aggressionen seine Überzeugungskraft. Das Konzept der Konfliktpädagogik versucht, solchen Erkenntnissen Rechnung zu tragen, indem es gar zur Äußerung aggressiver Bedürfnisse und zur Konfliktfähigkeit in gemäßigten Formen ermuntern will, wenn es zuweilen auch das Ziel der gesellschaftlichen Versöhnung außer Acht lässt.

Während ein Teil der Aggressionsforschung sich ganz auf die individuelle Aggression und Aggressivität, zum Teil auch in therapeutischer Absicht, konzentriert, befassen sich Sozialpsychologen, Kriegsursachenforscher und andere mit kollektiver Aggression und den Prozessen der gruppendynamischen wechselseitigen Verstärkung oder Abschwächung von Aggression (Horn 1988: 253-260). Konstruktive Konfliktbearbeitung bemüht sich, der Eskalation von aggressiven Äußerungen bis zur Gewaltanwendung entgegenzuwirken und Mechanismen zu ihrer Deeskalation herauszufinden. Dies kann zu Strategien für die Affektkontrolle in manchmal unvermeidlichen gespannten gesellschaftlichen Konstellationen führen, die leicht verletzende und tödliche Reaktionsweisen begünstigen können.

Das Studium der kollektiven Aggression befasst sich sowohl mit ungeplanten Panikhandlungen und der raschen wechselseitigen Aufschaukelung von aggressiven Handlungen in spontanen Konflikten, als auch mit beabsichtigter, kühl geplanter Stimulierung von hasserfüllten Gewaltaktionen der Massen wie Pogromen durch geschickte politische Manipulatoren. Studien in der US-amerikanischen Gesellschaft haben gezeigt, wie leicht Gehorsamsbereitschaft gegenüber als legitim angesehenen Autoritäten dazu führen kann, auf Anweisungen hin äußerst brutale bis tödliche Gewalt anzuwenden (Milgram1974).

Außerdem können frühkindliche und jugendliche Sozialisationserfahrungen dazu beitragen, auf bestimmte Situationen eher aggressiv-gewalttätig zu reagieren oder sich dem scheinbar Stärkeren zu unterwerfen oder aber nach Chancen zur Förderung von (gewaltarmer) Konflikt- und Friedensfähigkeit zu suchen (Büttner in: Jahn/Fischer/Sahm 2005: 522).

5.7 Friedenserziehung

„Eine Wissenschaft darüber, wie man zum Frieden erzieht, gibt es noch nicht", meinte 1967 der Erziehungswissenschaftler Hartmut von Hentig in einem Aufsatz „Erziehung zum Frieden" (in: Heck-Schurig 1991: 116). Auch heute kann man kaum von einer spezifischen Friedenserziehungswissenschaft (Friedenspädagogik im engeren Sinne) sprechen. Ihr Untersuchungsgegenstand müsste außer der Friedenserziehung auch die Erziehung zur Kriegsbereitschaft und zum Unfrieden sein. Viele Autoren betonen ihren interdisziplinären Charakter. „Interdisziplinarität prägt die Friedenspädagogik in hohem Maße. Ohne die kritische Reflexion von Arbeiten aus dem Umfeld der Erziehungswissenschaft, der Sozialpsychologie und der Soziologie oder auch der Kommunikationswissenschaft können entscheidende Fragen nicht beantwortet und schon gar keine Konzeptionen für friedenspädagogische Lernarrangements vorgenommen werden" Jäger 2006: 538).

Eine genaue Bestimmung dessen, was Friedenserziehung ausmacht, wird dadurch erschwert, dass fast jede Erziehungspraxis beansprucht, Friedenserziehung zu sein, wie auch Politik in fast allen Staaten Friedenspolitik sein will. Erziehungsziele wie die Förderung von Ich-Stärke, Selbstbewusstsein, Zivilcourage, selbständigem Handeln im persönlichen Umfeld wie in der Politik gehören zwar zur Friedenserziehung, sind aber nicht auf sie beschränkt. Kontrovers ist in der Friedenserziehung wie in der Friedenspolitik und nicht anders auch in der Friedens- und Konfliktforschung das Verständnis von Frieden, das einen engen oder einen der weiten Friedensbegriffe benutzt, Konflikte bejaht oder ablehnt, Gewalt und militärische Kampfmaßnahmen als Mittel zur Bewahrung oder Wiederherstellung von Frieden vorsieht oder ausschließt. Aus diesem Grunde ist es möglich, dass Regierungen und internationale Organisationen wie die der Vereinten Nationen für Bildung, Wissenschaft und Kultur (UNESCO) Friedenserziehung in den staatlichen Bildungseinrichtungen befürworten, gleichzeitig aber auch die Bereitschaft zum Verteidigungskrieg stärken wollen oder zumindest nicht ausschließen.

Auch diejenigen, die einen Gewaltvorbehalt zur Verteidigung hegen, können durchaus alle Anstrengungen unterstützen, die eine Konfliktregulierung oder gar Konfliktlösung ohne Gewaltanwendung anstreben. Insofern findet Friedenserziehung in den staatlichen Bildungseinrichtungen mancher Länder eine gewisse Entfaltungschance, allerdings nicht als gesondertes Fach, sondern bei der Behandlung verschiedener Themen in mehreren Schulfächern oder auch außerhalb des regulären Unterrichts, von der Gewalt auf dem Schulhof bis zu der in der Weltpolitik. Indem man Frieden nicht als Zustand der Abwesenheit von Gewalt begreift, sondern als Prozess abnehmender Gewalt und zunehmender Gerechtigkeit, bietet man der Gewalt noch einen gewissen Freiraum in einer tendenziell unbegrenzten Zukunft. „Die Rolle der Friedenserziehung ist diesem Friedensverständnis zufolge darauf ausgerichtet, Menschen zu ermutigen und zu befähigen, selbständig Wege zum Frieden zu erkennen und zu entwickeln, um den Friedensprozess mitgestalten zu können" (Jäger 2006: 539).

Die meisten Friedenserzieher bevorzugen den weiten Begriff des positiven Friedens, in den sie Gerechtigkeit, Freiheit, Demokratie, Menschenrechte, Geschlechtergleichheit, Entwicklung, Umweltschutz usw. einschließen. Sie wollen dann die Menschen und insbesondere die Jugend ganz allgemein befähigen, „eine bessere Zukunft" zu errichten (Harris/ Morrison 2003: 36). Andere Erzieher benutzen eher den engen Begriff des Friedens, wollen dann aber die Erziehung zum Frieden (Nichtkrieg) mit der zu Gerechtigkeit, Freiheit, Menschenrechten, Demokratie usw. entsprechend den Empfehlungen der UNESCO (Wintersteiner/Spajić-Vrkaš/Teutsch 2003: 21) kombinieren.

Friedenserziehung wendet sich im Prinzip an die ganze Bevölkerung und Menschen aller Altersgruppen, auch wenn meist eine starke Präferenz auf die frühkindliche und schulische Erziehung gelegt wird, weil in den ersten Lebensjahren Grundeinstellungen, emotionale Grundmuster und Verhaltensweisen des Menschen geprägt werden, die im Erwachsenenalter sich nur schwer verändern können. Allerdings spielt die Erwachsenenbildung insofern eine wichtige Rolle, als erst im fortgeschrittenen Alter die kognitiven Seite der Friedenserziehung und die Verbreitung von Kenntnissen über gesellschaftliche und politische, nationale wie globale Zusammenhänge stärker zur Geltung kommen kann. Friedenserziehung wendet sich zum Teil auch an spezifische gesellschaftliche Adressaten, so traditionell etwa an religiöse Gemeinschaften, die im Falle der protestantischen Friedenskirchen (z. B. Quäker, Mennoniten) auch nachweisbar sehr effektiv ist. Ansonsten ist bislang unerforscht, ob Friedenserziehung tatsächlich nachhaltige Verhaltenseffekte hat.

Es wurde gelegentlich darauf hingewiesen, dass Friedenserziehung in ganz unterschiedlicher Weise a) in friedlichen, spannungsfreien Zonen, b) in Zonen latenter ethnischer Spannungen und c) in Zonen mit tief verwurzelten, gewaltsam ausgetragenen Konflikten zu praktizieren ist, also nicht kontextunabhängig konzipiert werden kann (Jäger 2006:549).

Von Friedenserziehung spricht man meist nicht explizit, wenn es um die Vermittlung und Erörterung von Erkenntnissen über Krieg, Konflikt und Frieden an Erwachsene spricht, sondern nennt es dann politische Bildung. Adressaten solcher Tätigkeit können dann außer den allgemein politisch interessierten Bürgern spezifische Berufsgruppen sein: Lehrer, Journalisten, Offiziere, Berufspolitiker usw. Auch Studenten sehen sich in der Regel ungern als Adressaten von Erziehung. Befassen sie sich mit Friedenserziehung, dann in ihrer Rolle als auszubildende Friedenserzieher mit Friedenserziehungswissenschaft, weit weniger als selbst zu Erziehende. Insofern viele Wissenschaftler auch als Hochschullehrer und als Referenten bei Bildungsveranstaltungen tätig sind, spielen sie in der Friedenserziehung alias politischen Bildung eine wichtige Rolle, allerdings meist ohne selbst eine gründliche friedenserziehungswissenschaftliche Schulung erfahren zu haben.

Ziel der Friedenserziehung ist es nicht nur, das Wissen über die Ursachen von Gewalt und Krieg und die Bedingungen des Friedens, wie es in der Friedens- und Konfliktforschung erarbeitet wurde, zu verbreiten, sondern auch die eigenständige Erzeugung von Wissen aufgrund eigener Erfahrungen der Kinder, Jugendlichen und Erwachsenen im Umgang mit Gewalt und Konflikten anzuregen. Insofern will Friedenserziehung weit mehr leisten, als wissenschaftlich erarbeitetes Wissen in die Gesellschaft zu vermitteln entsprechend den Worten der berühmten Präambel der UNESCO: „Da Kriege in den Köpfen (im Geist) der Menschen entstehen, muss in den Köpfen der Menschen Vorsorge für den Frieden getroffen werden" (Nicklas 2005: 543).

Der Friedenserziehung geht es nicht nur um Wissen und Einstellungen, sondern sie erhofft sich auch ein daraus entspringendes friedensförderliches Verhalten, sei es in den persönlich erlebten Konflikten, sei es im gesellschaftlichen und politischen Engagement. Dabei haben manche Friedenserzieher die persönliche Friedensarbeit (konstruktive Konfliktbearbeitung, Mediation usw.) im gesellschaftlichen Nahbereich oder den Friedensaktivismus in der Friedensbewegung im Sinne, andere hingegen eher friedenspolitisches Verhalten bei Wahlen oder bei Entscheidungen politischer Organisationen und Parteien, das auf eine Beeinflussung und Veränderung von Regierungsverhalten ausgerichtet ist. Das Konzept des Globalen Lernens versucht eine Verbindung zwischen dem Gewalt vermeidenden und Gewalt überwindenden Verhalten im persönlichen Nahbereich und auch gegenüber sich selbst und dem auf alle Menschen orientierten, weltbürgerlichen Verhalten herzustellen (Gugel/ Jäger 2007: 13-16).

Friedenserziehung hat also eine intermediäre Funktion zwischen Wissenschaft (Theorie) einschließlich Friedenserziehungswissenschaft und tatsächlichem Friedenshandeln (Praxis), sei es unmittelbar in Friedensaktionen oder im (meist nur mittelbaren) friedenspolitischen Verhalten. Der bislang noch wenig entwickelte Friedensjournalismus (Gerster 2005) hat eine ähnliche Funktion und könnte im weiteren Sinne auch zur Friedenserziehung gerechnet werden. Andere intermediäre Funktionen wie die Konfliktschlichtung, die Tätigkeit von Friedensfachkräften können im Rahmen dieser kurzen Darstellung nicht weiter behandelt werden.

5.8 Friedensbewegung und Nichtregierungsorganisationen

Im Laufe der Geschichte hat es immer wieder einmal gesellschaftliche Bewegungen gegen aktuelle Kriege und Kriegsdrohungen gegeben, auch solche, die eine dauerhafte Friedensordnung anstrebten. Sie orientierten sich jedoch in der Regel an Vorstellungen von einer Wiederherstellung eines früher bestehenden oder nur in historischen Verklärungen bestehenden Friedens, an religiösen Verheißungen oder universalherrschaftlichen Phantasien.

Mit der Entwicklung des Fortschrittsgedankens im 18. Jahrhunderts nahmen auch die Ideen des Friedens eine neue Gestalt an. Sie wurden nunmehr mit Vorstellungen verknüpft, neue gesellschaftliche und politische Ordnungen zu schaffen, die es in der bisherigen Geschichte der Menschheit nicht gegeben hatte. Man begann nun vermehrt, Frieden nicht mehr von der Regierungen und Herrschenden zu erwarten, sondern als Ergebnis gesellschaftlicher Aufklärung und Massenbewegung (Cooper 1991: 13-29). Der Frieden wurde damit zu einem herausragenden Thema liberaler, demokratischer und später auch sozialistischer Bewegungen. Teilweise trennten sich aber auch die Strömungen der Friedensbewegung von den allgemeinen liberalen, demokratischen und sozialistischen Bestrebungen und machten den Frieden zu ihrem Hauptanliegen, obwohl die Friedensvorstellungen den gesellschaftspolitischen Denkmustern verhaftet blieben. Die Spaltung zwischen der liberalen und später liberal-demokratischen sowie der sozialistischen Bewegung führte auch zu einer Spaltung der Friedensbewegung in die beiden politischen Orientierungen in der zweiten Hälfte des 19. Jahrhunderts (Holl 1988; Caedel 2000: 164-186).

Die bürgerliche und zum Teil auch aristokratisch-konservative Friedensbewegung strebte unter Wahrung und zur Sicherung der bestehenden Gesellschaftsordnung eine internationale Rechtsordnung und Abrüstung an und begriff unter Militarismus ein Übermaß des Einflusses des Militärs und militärischer Gesinnungen in der Gesellschaft auf die Politik. Ihr Antimilitarismus richtete sich außerdem gegen ein stehendes Heer und am Ende des 19. Jahrhunderts auch gegen die Rüstungsindustrie (Holl 1988: 73; Young, Bd. 3, 2010: 425).

Die sozialistische Friedensbewegung hingegen verstand unter Militarismus ein Instrument der herrschenden bürgerlichen und aristokratischen Klassen, das erst durch einen Übergang zu einer klassenlosen sozialistischen (bzw. kommunistischen) Gesellschaft abgeschafft werden könne, also nicht im bestehenden gesellschaftlichen Rahmen. Dementsprechend richtete sich die sozialistische Antikriegsbewegung zwar grundsätzlich gegen den Staatenkrieg, der als nur im Interesse der Herrschenden angesehen wurde, aber nicht unbedingt gegen den revolutionären Bürgerkrieg zum Sturz der bestehenden Gesellschaftsordnung. Nur eine pazifistische Minderheit in der sozialistischen Friedensbewegung koppelte ihr internationales Friedensengagement mit Vorstellungen von einer friedlichen Revolution durch systemüberwindende Reformen.

Vor dem Ersten Weltkrieg war die internationale sozialistische Bewegung, vor allem in Europa, in der Lage, Massendemonstrationen hunderttausender Arbeiter und einiger Intellektueller gegen den Krieg zu organisieren (Wette 1971: 193; Braunthal 1978: 358). Dennoch herrschte nach Kriegsausbruch in vielen Ländern eine weit verbreitete Kriegsbegeisterung in Erwartung eines raschen

Sieges für das eigene Land, die jedoch bald in Ernüchterung überging. 1917/18 kam es in einzelnen Ländern sogar zu größeren militärischen Meutereien und Revolten gegen die Fortsetzung des Krieges. Die Oktoberrevolution in Russland hatte nicht nur in den sozialen Verhältnissen, sondern vor allem in der Friedenssehnsucht großer Teile der Bevölkerung ihre Wurzel.

Der Erste Weltkrieg löste einen Zivilisationsschock aus. Das alte europäische Großmächtesystem und die sie tragenden Gesellschaftsschichten waren im Kern getroffen. Die USA und in mancher Hinsicht auch Japan gingen als neue Großmächte aus dem Krieg hervor. Zahlreiche Monarchien wurden durch Republiken abgelöst oder mussten ihre Macht endgültig an Parlamente und gewählte Regierungen abtreten. Die aristokratischen gesellschaftlichen Positionen wurden vielenorts fundamental geschwächt. Durch die Staaten gingen starke Demokratisierungsschübe, die in einigen Ländern jedoch rasch durch nationale autoritäre und diktatorische Regimes abgelöst wurden. Die politischen und moralischen Grundlagen der Kolonialherrschaft waren erschüttert, wenn auch noch nicht gebrochen. Der Fortschrittsgedanke erhielt einen herben Rückschlag. Die Arbeiterbewegung ging zwar gestärkt aus dem Weltkrieg hervor, spaltete sich jedoch sogleich in einen reformorientierten sozialdemokratischen und einen kommunistischen Zweig, was später in verhängnisvoller Weise den Widerstand gegen den Faschismus und Nationalsozialismus schwächen sollte (Braunthal, Bd. 2 1978: 14).

Mit der Arbeiterbewegung spaltete sich auch die sozialistische Friedensbewegung. Der kommunistische Zweig lehnte nunmehr vehement jeden Pazifismus ab und propagierte ein sozialistisches Militärwesen und die militärische Stärkung der Sowjetunion, während jegliches bürgerliches Militärwesen als klassenbedingter Militarismus bezeichnet wurde. Die sozialdemokratische Friedensbewegung verschmolz hingegen weitgehend mit der bürgerlichen und kritisierte nunmehr nicht nur den kapitalistischen, sondern auch den kommunistischen Militarismus und trat weiterhin für Abrüstung ein. Am Rande der bürgerlich-sozialdemokratischen Friedensbewegung entstand eine Bewegung zur individuellen Kriegsdienstverweigerung, während die Idee der Arbeiterbewegung vor 1914, dem Krieg durch einen Generalstreik oder gar einen Soldatenstreik entgegenzutreten, völlig an Boden verlor.

Der aufkommende Faschismus und Nationalsozialismus und ihre Angriffskriege entzogen der Kriegsdienstverweigerer- und Friedensbewegung weitgehend die Grundlage; viele Pazifisten gingen zum bewaffneten Widerstand gegen das nationalsozialistische Deutschland und seine Verbündeten über oder resignierten politisch vollständig, sofern sie nicht unter deutscher Herrschaft umgebracht oder unter westalliierter Herrschaft inhaftiert wurden.

Der bald nach dem Zweiten Weltkrieg eskalierende Kalte Krieg zwischen dem kommunistischen und dem liberal-demokratischen politischen Lager verhinderte einen starken Aufschwung der Friedensbewegung, die in einen kommunistischen und einen liberalsozialdemokratischen Zweig gespalten blieb. Die Atomrüstung und die westliche militärische Überlegenheit oder zumindest militärtechnologische Vorreiterrolle ließ jedoch in den späten 1950er Jahren eine eigenständige Bewegung gegen atomare Rüstung entstehen, die als Ostermarschbewegung in den 1960er Jahren zeitweise große Resonanz erhielt (Nehring 2006).

Der gewaltfreie Widerstand gegen die britische Kolonialherrschaft in Indien unter der Führung Mohandas K. Gandhis bis zur Gründung des indischen Staates 1947 und dann die afroamerikanische Bürgerrechtsbewegung unter Martin L. King in den 1950er und 1960er Jahren waren Impulse für eine Friedensbewegung, die über die bloße Opposition gegen Krieg hinausging und erneut den Zusammenhang von Frieden und Gerechtigkeit thematisierte. Friedens- und Bürgerrechtsbewegungen sowie Initiativen für den Ausbau der Zivilgesellschaft gingen dadurch enge Verbindungen untereinander ein oder verschmolzen hier und da.

Mit dem Niedergang der traditionellen Arbeiterbewegung entstanden nach der kurzen Phase einer neosozialistischen und radikaldemokratischen Studentenbewegung am Ende der 1960er und zu Beginn der 1970er Jahre im Westen neue soziale Bewegungen, die sich auf einzelne gesellschaftspolitische Probleme (Gleichberechtigung der Frauen, Umwelt, atomare Abrüstung) konzentrierten, aber kaum noch umfassende gesellschaftstheoretisch begründete Zielvorstellungen vertraten. In diesem Sinne entfaltete sich auch immer wieder eine Friedensbewegung mit punktuellen politischen Zielsetzungen von der Verhinderung der Nachrüstung mit Mittelstreckenraketen der NATO in den frühen 1980er Jahren über die Ablehnung der militärischen Intervention der NATO in Jugoslawien 1999 bis zum Protest gegen den bevorstehenden Krieg der USA und ihrer Verbündeten gegen den Irak 2003. Gleichwohl ist die Forschung über die Friedensbewegung, die über die historische Schilderung ihrer Abläufe hinausgeht, immer noch recht unentwickelt. Systematische Analysen über die Mobilisierungsbedingungen in bestimmten Phasen der Geschichte, die Motivationen und oftmals unvereinbaren Zielsetzungen und Strategien der Aktivisten, Organisationsstrukturen, die Sozialstruktur der Mobilisierten, Gegenstrategien der Opponenten der Friedensbewegung und vieles weitere mehr wurden bislang kaum erstellt. Lediglich der Zusammenhang zwischen Religiosität und Einstellungen zum Frieden bzw. zur Gewalt findet immer wieder ein gewisses Forscherinteresse (so schon Richardson 1960: 231-246; Wright 1965: 286-288; Kurtz, Bd. 2, 1999: 217-240).

Im Unterschied zur Arbeiterbewegung traten in der Friedensbewegung stets nur Minderheiten für die Bildung einer eigenständigen Friedenspartei ein, die meisten hingegen für eine Friedenspolitik innerhalb bestehender Parteien. Die Mehrheit der Friedensbewegung strebt vor allem die Entstehung oder Stärkung der Zivilgesellschaft an, also das bürgerliche Engagement in der Gesellschaft und in der Politik, da rechtliche und politische Konfliktregulierungen und Friedensschlüsse nur dann nachhaltig wirksam werden können, wenn sie von der großen Mehrheit einer Gesellschaft gebilligt werden. Zivilgesellschaftliche Initiativen, verfochten von informellen und formellen Nichtregierungsorganisationen (NRO, auch häufig abgekürzt NGO), können sowohl friedensstiftend auf Parteien, Regierungen und Internationale Organisationen einwirken wie auch umgekehrt, Verträgen und politischen Entscheidungen von Regierungen den erforderlichen gesellschaftlichen Rückhalt geben. Das Studium des Aneignens von Normen und Regeln der friedlichen Konfliktbeilegung durch die vornehmlich betroffene Bevölkerung und ihre zivilgesellschaftlichen Organisationen ist in den vergangenen Jahren zu einem wichtigen neuen Aufgabenbereich der Friedens- und Konfliktforschung geworden (Haumersen/ Rademacher/Ropers 2002: 5; Sandole 2010: 54 f.).

Diesen neuen Denkansätzen ging die weitgehende Überwindung einer polarisierten Sicht auf Friedenspolitik und die Chancen ihrer Verwirklichung voraus. Hielten zuvor einige Wissenschaftler wie auch Publizisten nur Parteien- und letztlich Regierungspolitik für wirkungsmächtig in Sachen Frieden, demnach auch die wissenschaftliche Beratung von regierungsfähigen Parteien, so setzten andere ausschließlich auf „Friedenspolitik von unten", auf Bürgerinitiativen und die Massenmobilisierung in der Friedensbewegung, weil sie Regierungen und Staatsbürokratien für korrupt und von partikularen ökonomischen und Herrschaftsinteressen an Rüstung, Krieg und an Unfrieden abhängig ansahen.

Demgegenüber hat sich seit den 1990er Jahren ein Konflikt- und Friedensverständnis mehr und mehr durchgesetzt, das von teils widersprüchlichen, teils aber auch komplementären Funktionen der Aktivitäten von Regierungen, staatlichen Verwaltungsapparaten, Parteien und anderen etablierten Institutionen einschließlich der bewaffneten Organe Militär und Polizei einerseits und von zivilgesellschaftlicher Organisationen, Bürgerinitiativen der Friedensbewegung andererseits ausgeht. Dabei wird der intermediären Ebene von gesellschaftlichen Multiplikatoren, die zwar zu den gesellschaftlichen Eliten gehören, aber auch deutlich in der gesellschaftlichen Basis verwurzelt sind und gleichzeitig enge Beziehungen zu den Machteliten haben, eine erhebliche und oft konfliktmäßigende Rolle beigemessen, die in der polarisierten Sichtweise auf Gesellschaft und Politik verkannt worden war (Lederach 1987: 100; Ropers 2007).

Friedens- und Konfliktforschung ist keine abgeschlossene Forschungsrichtung und bleibt offen für von Zeit zu Zeit neue Denkansätze, die immer wieder auch neue Forschungsgegenstände thematisieren, andere wiederum in den Hintergrund drängen. Gleichzeitig wird jedoch ein Fundus an Themen und Forschungserkenntnissen sichtbar, auf dem kommende Generationen in Wissenschaft und Gesellschaft aufbauen können.

6 Literatur

Adolf, Antony 2009: Peace. A World History, Cambridge
Albert, Mathias 2002: Politik der Weltgesellschaft. Identität und Recht im Kontext internationaler Vergesellschaftung, Weilerswist
Albert, Mathias/ Moltmann, Bernhard/ Schoch, Bruno (Hg.) 2004: Die Entgrenzung der Politik. Internationale Beziehungen und Friedensforschung. Festschrift für Lothar Brock zum 65. Geburtstag, Frankfurt/ New York
Annati, Emmanuel 1997: Die Bilderwelt der prähistorischen Felskunst, Zürich
Aron, Raymond 1986: Frieden und Krieg. Eine Theorie der Staatenwelt, Frankfurt/M.
Austin, Alex/ Fischer, Martina/ Ropers, Norbert 2004: Transforming Ethnopolitical Conflict. The Berghof Handbook, Wiesbaden
Axelrod, Robert [7]2009: Die Evolution der Kooperation, München
Bächler, Günther (Hg.) 1992: Friedens- und Konfliktforschung in Zeiten des Umbruchs. Peace and Conflict Research in Times of Radical Change, Zürich/ Chur
Barnaby, Wendy 2003: Biowaffen. Die unsichtbare Gefahr, München
Bartosch, Ulrich 1995: Weltinnenpolitik. Zur Theorie des Friedens von Carl Friedrich von Weizsäcker, Berlin
Batscheider, Tordis 1993: Friedensforschung und Geschlechterverhältnis. Zur Begründung feministischer Fragestellungen in der kritischen Friedensforschung, Marburg
Bauer, Joachim 2006: Prinzip Menschlichkeit. Warum wir von Natur aus kooperieren, Hamburg
Beckett, Ian F. W. 2001: Encyclopedia of Guerilla Warfare, New York
Birckenbach, Hanne-Margret 1990: Friedensforschung und ihre feministischen Ansätze: Möglichkeiten ihrer Integration, AfB-Texte, Bonn
Bloch, Ivan: The Future of War, 1903
Bonacker, Thorsten 1996: Konflikttheorien. Eine sozialwissenschaftliche Einführung mit Quellen, Opladen
Boulding, Kenneth E. 1978: Stable Peace, Austin/ London
Braunthal, Julius: Geschichte der Internationale, 3 Bände, 3. Aufl., Hannover 1978

Breitmeier, Helmut/ Roth, Michèle/ Senghaas, Dieter 2009: Sektorale Weltordnungspolitik. Nomos Verlag, Baden-Baden

Brock, Lothar 2004: Der erweiterte Sicherheitsbegriff. Keine Zauberformel für die Begründung ziviler Konfliktbearbeitung, in: Die Friedens-Warte 79 (3-4), S. 323-344

Brock, Lothar/ Geis, Anna/ Müller, Harald 2007: Demokratische Kriege als Antinomien des Demokratischen Friedens: Eine komplementäre Forschungsagenda, in: Geis, Anna/ Müller, Harald/ Wagner, Wolfgang (Hg.): Schattenseiten des Demokratischen Friedens – Zur Kritik einer Theorie liberaler Außen- und Sicherheitspolitik, Frankfurt/M.. S. 69-91

Brock, Lothar 2008: Von der „humanitären Intervention" zur „Responsibility to Protect": Kriegserfahrung und Völkerrechtsentwicklung seit dem Ende des Ost-West-Konflikts, in: Fischer-Lescano u.a. (Hg.): Frieden in Freiheit, Baden-Baden, S. 19-32

Brzoska, Michael/ Ehrhart, Hans-Georg 2008: Zivil-militärische Zusammenarbeit in Konfliktnachsorge und Wiederaufbau. Empfehlungen zur praktischen Umsetzung, Stiftung Entwicklung und Frieden, Policy Paper 30

Burns, R. J./ Aspeslagh, R. (Hg.) 1996: Three Decades of Peace Education Around the World. An Anthology, New York/ London

Burton, John W. 1990: Conflict: Resolution and Prevention, London

Buzan, Barry/ Waever, Ole/ Wilde Jaap de 1998: Security. A New Framework for Analysis, Boulder

Buzan, Barry/ Herring, Eric 1998: The Arms Dynamics in World Politics, Boulder/ London

Calließ, Jörg/ Lob, Reinhold E. (Hg.) 1988: Praxis der Umwelt- und Friedenserziehung, 3 Bände, Düsseldorf

Calließ, Jörg/ Weller, Christoph (Hg.) 2006: Chancen für den Frieden. Theoretische Orientierungen für Friedenspolitik und Friedensarbeit, Rehburg-Loccum

Carter, Ashton B./Perry, William J./ Steinbrunner, John D. 1992: An New Concept of Cooperative Security, Washington

Ceadel, Martin 2000: Semi-Detached Idealists. The British Peace Movement and International Relations, 1854-1945, Oxford

Clausewitz, Carl von 1980: Vom Kriege. Hinterlassenes Werk, Frank-furt/M.

Cooper, Sandi E. 1991: Patriotic Pacifism. Waging War on War in Europe 1815-1914, New York/Oxford

Coser, Lewis 1962: Theorie des Konflikts, Neuwied

Coulmas, Florian 2010: Hiroshima. Geschichte und Nachgeschichte, München

Craig, Gordon A./ George, Alexander L. 1984: Zwischen Krieg und Frieden. Konfliktlösung in Geschichte und Gegenwart, München

Creveld, Martin 2001: Frauen und Krieg, München

Creveld, Martin van ³2004: Die Zukunft des Krieges, Hamburg

Czempiel, Ernst-Otto ²1998: Friedensstrategien. Eine systematische Darstellung außenpolitischer Theorien von Machiavelli bis Madariaga, Opladen

Czempiel. Ernst-Otto 1981: Internationale Politik. Ein Konfliktmodell, Paderborn u.a.

Czempiel, Ernst-Otto 1969: Die Lehre von den internationalen Beziehungen, Darmstadt

Daase, Christopher 1999: Kleine Kriege – große Wirkung. Wie unkonventionelle Kriegsführung die internationale Politik verändert, Baden-Baden

Dahrendorf, Ralf 1961: Elemente einer Theorie des sozialen Konflikts, in ders.: Gesellschaft und Freiheit. Zur soziologischen Analyse der Gegenwart, München, S. 197-235

Dahrendorf, Ralf 1994: Der moderne soziale Konflikt, München

Dayton, Bruce W./ Kriesberg, Louis 2009: Conflict Transformation and Peacebuilding. Moving from Violence to Sustainable Peace, Lon-don/ New York

Delbrück, Jost (Hg.) 1984: Friedensdokumente aus fünf Jahrhunderten, 2 Bände, Kehl/ Straßburg

Dietrich, Wolfgang (Hg.) 2011: The Palgrave International Handbook of Peace Studies. A Cultural Perspective, London

Drews, Christian 2001: Post-Conflict Peace-building, Baden-Baden

Ebert, Theodor ³1983: Gewaltfreier Aufstand. Alternative zum Bürgerkrieg, Waldkirch i. Br.

Ebert, Theodor 1981: Soziale Verteidigung. 2 Bde, Waldkirch

Ehrhart, Hans Georg/ Kahl, Martin (Hg.) 2010: Security Governance in und für Europa – Konzepte, Akteure, Missionen, Baden-Baden

Eibl-Eibesfeldt 1975: Krieg und Frieden aus der Sicht der Verhaltensforschung, München/ Zürich

Erikson, Erik H. 1978: Gandhis Wahrheit. Über die Ursprünge der militanten Gewaltlosigkeit, Frankfurt/M.

Everett, Susanne 1998: Geschichte der Sklaverei, Augsburg

Evers, Tilman (Hg.) 2000: Ziviler Friedensdienst. Fachleute für den Frieden. Idee, Erfahrungen, Ziele, Opladen

Ferdowsi, Mir (Hg.) 2002: Internationale Politik im 21. Jahrhundert. München

Ferdowsi, Mir A./ Matthies, Volker (Hg.) 2003: Den Frieden gewinnen. Zur Konsolidierung von Friedensprozessen in Nachkriegsgesellschaften, Bonn

Fisch, Jörg 1979: Krieg und Frieden im Friedensvertrag. Eine universalgeschichtliche Studie über Grundlagen und Formelemente des Friedensschlusses, Stuttgart

Förster, Gerhard u. a. ²1977: Kurzer Abriß der Militärgeschichte von den Anfängen der Geschichte des deutschen Volkes bis 1945, Berlin

Fogarty, Brian E. 2000: War, Peace, and the Social Order, Boulder

Freeman, Derek 1983: Liebe ohne Aggression. Margaret Meads Legende von der Friedfertigkeit der Naturvölker, München

Frost, J. William 2004: A History of Christian, Jewish, Muslim, Hindu, and Buddhist Perspectives on War and Peace, Toronto

Fukuyama, Francis 2006: Nation-Building. Beyond Afghanistan and Iraq, Baltimore

Galtung, Johan 1969: Violence, Peace, and Peace Research, in: Journal of Peace Research 6 (3), S. 167-191

Galtung, Johan 1975: Strukturelle Gewalt: Beiträge zur Friedens- und Konfliktforschung, Reinbek

Galtung, Johan 1975-1988: Essays in Peace Research, Oslo

Galtung, Johan 1992: Friede mit friedlichen Mitteln. Friede und Konflikt, Entwicklung und Kultur, Opladen

Galtung, Johan, 1990, Cultural Violence, in: Journal of Peace Research 27 (3), S. 291–305

Gantzel, Klaus Jürgen/ Meyer-Stamer, Jörg (Hg.) 1986: Die Kriege nach dem Zweiten Weltkrieg bis 1984, München

Gantzel, Klaus Jürgen/ Schwinghammer, Torsten 1995: Die Kriege nach dem Zweiten Weltkrieg: 1945-1992, Münster

Gärtner, Heinz ²2008: Internationale Sicherheit. Definitionen von A bis Z, Baden-Baden

Geis, Anna (Hg.) 2006: Den Krieg überdenken. Kriegsbegriffe und Kriegstheorien in der Kontroverse. Baden-Baden

Gerber, Edith Marfurt 1998: Konfliktlösungsstrategien in Bürgerkriegen, Zürich

Gerster, Petra (Hg.) 2005: Die Friedensmacher, München/ Wien

Gilpin, Robert G. 1981: War and Change in World Politics, Cambridge

Gollwitzer, Heinz 1972/1982: Geschichte des weltpolitischen Denkens, 2 Bände, Göttingen

Goodall, Jane 1996: Ein Herz für Schimpansen. Meine 30 Jahre am Gombe-Strom, Reinbek

Gregor, Thomas (Hg.) 1996: A Natural History of Peace, Nashville

Greiner, Bernd 2010: Die Kuba-Krise. Die Welt an der Schwelle zum Atomkrieg, München

Griep, Ekkehard 2008: Tendenz steigend. Die Zusammenarbeit der Vereinten Nationen mit Regionalorganisationen in der Friedens-sicherung, in: Vereinte Nationen 56 (4), S. 147-152

Gugel, Günther/ Jäger, Uli 2007: Frieden gemeinsam üben. Didaktische Materialien für Friedenserziehung und Globales Lernen in der Schule, Tübingen

Guilaine, Jean/ Zammit, Jean 2005: The Origins of War. Violence in Prehistory, Oxford

Harbom, Lotta/ Wallensteen, Peter 2010: Armed Conflicts, 1946-2009, in: Journal of Peace Research 47 (4), S. 601-509

Harff, Barbara/ Gurr, Ted 1988: Toward Empirical Theory of Genocides and Politicides: Identification and Measurement of Cases since 1945, in: International Studies Quarterly (3), S. 359-371

Harris, Ian M./ Morrison, Mary Lee 2003: Peace Education, Jefferson, N.C./ London

Hartmann, Jürgen 2001: Internationale Beziehungen, Opladen

Hattenhauer, Hans 1960: Die Bedeutung der Gottes- und Landfrieden für die Gesetzgebung in Deutschland,

Haumersen, Petra/ Rademacher, Helmolt/ Ropers, Norbert 2002: Konfliktbearbeitung in der Zivilgesellschaft. Die Workshop-Methode im rumänisch-ungarischen Konflikt, Hamburg

Heck, Gerhard/ Schurig, Manfred (Hg.) 1991: Friedenspädagogik. Theorien, Ansätze und bildungspolitische Vorgaben einer Erziehung zum Frieden (1945-1985), Darmstadt

Herz, John H. 1950: Idealist Internationalism and the Security Dilemma, in: World Politics 2 (2), S. 157-180

Herz, John H. 1961: Weltpolitik im Atomzeitalter, Stuttgart

Herz, John H. 1959: Politischer Realismus und politischer Idealismus. Eine Untersuchung von Theorie und Wirklichkeit, Meisenheim/Glan

Hildebrandt, Mathias/ Brocker, Manfred (Hg.) 2005: Unfriedliche Religionen? Das politische Gewalt- und Konfliktpotenzial von Religionen, Wiesbaden

Hoffmann, Hartmut 1964: Gottesfriede und Treuga Dei, Stuttgart

Holl, Karl 1988: Pazifismus in Deutschland, Frankfurt/M.

Holsti, Kalevi J. 1991: Peace and War: Armed Conflicts and International Order 1648-1989, Cambridge

Horn, Klaus 1988: Gewalt – Aggression – Krieg. Studien zu einer psychoanalytisch orientierten Sozialpsychologie des Friedens, Baden-Baden

Horowitz, Donald L. 1995: Ethnic Groups in Conflict, Berkeley/ Los Angeles/ London

Howard, Michael 2001: Die Erfindung des Friedens. Über den Krieg und die Ordnung der Welt, Springe

Howard, Michael ²2010: Der Krieg in der europäischen Geschichte. Vom Mittelalter bis zu den neuen Kriegen der Gegenwart, München

Human Security Centre 2005: Human Security Report 2005: War and Peace in the 21st Century, New York

Human Security Centre 2011: Human Security Report 2009/2010: The Causes of Peace and The Shrinking Costs of War, New York

Hummrich, Martin 2001: Der völkerrechtliche Straftatbestand der Aggression, Baden-Baden

Imbusch, Peter/ Zoll, Ralf (Hg.) ⁵2010: Friedens- und Konfliktforschung. Eine Einführung, Wiesbaden

Internationale Friedensschule Köln (Hg.) 2007: Erziehung zum Frieden. Beiträge zum Dialog der Kulturen und Religionen in der Schule, Berlin

Jahn, Egbert 1986: Der Einfluß der Ideologie auf die sowjetische Außen- und Rüstungspolitik, in: Osteuropa 36 (5, 6, 7), S. 356-374, 447-461, 509-521

Jahn, Egbert ⁴2004a: Die Außenpolitik Russlands, in: Knapp, Manfred/ Krell, Gert (Hg.): Einführung in die Internationale Politik. Studienbuch, München/Wien, S. 250-284

Jahn, Egbert 2004b: Der Holodomor im Vergleich. Zur Phänomenologie der Massenvernichtung, in: Osteuropa 54 (12), S. 13-32

Jahn, Egbert/Fischer, Sabine/Sahm, Astrid 2005: Die Zukunft des Friedens, Band 2, Sichtweisen der jüngeren Generationen der Friedens- und Konfliktforschung, Wiesbaden

Jahn, Egbert 2008: Politische Streitfragen, Wiesbaden

Jahn, Egbert (Hg.) 2008/09: Nationalismus im spät- und postkommunistischen Europa, 3 Bde, Baden-Baden

Jegorow, Waleri N. 1972: Friedliche Koexistenz und revolutionärer Prozeß, Berlin

Johnson, J. 1981: Just War Tradition and the Restraint of War: A Moral and Historical Inquiry, Princeton

Kaldor, Mary 2000: Neue und alte Kriege. Organisierte Gewalt im Zeitalter der Globalisierung, Frankfurt/M.

Kant, Immanuel 1970: Zum ewigen Frieden. Ein philosophischer Entwurf, in: Werke, Band 9, Darmstadt, S. 191-251

Keegan, John 1993: A History of Warfare, London

Kegley, Charles W. Jr. (Hg.) 1995: Controversies in International Relations Theory: Realism and the Neoliberal Challenge, New York

Kelly, Raymond C. 2000: Warless Societies and the Origin of War, Ann Arbor

Kelsay, J./ Johnson, J. (Hg.) 1991: Just War and Jihad: Historical and Theoretical Perspectives on War and Peace in Western and Islamic Traditions, New York

Kimminich, Otto ⁹2008: Einführung in das Völkerrecht, Stuttgart
Kissinger, Henry A. 1959: Kernwaffen und auswärtige Politik, München
Kittner, Michael 2005: Arbeitskampf: Geschichte – Recht – Gegenwart, München
Knapp, Manfred/ Krell, Gert (Hg.) ⁴2004: Einführung in die Internationale Politik. Studienbuch, München/Wien
Koppe, Karlheiz 2001: Der vergessene Frieden. Friedensvorstellungen von der Antike bis zur Gegenwart, Opladen
Krell, Gert/ Minkwitz, Oliver/ Schörnig, Niklas 2004: Internationale Rüstungskontrolle und Abrüstung, in: Knapp, Manfred/ Krell, Gert (Hg.): Einführung in die Internationale Politik. Studienbuch, München
Krell, Gert ⁴2009: Weltbilder und Weltordnung. Einführung in die Theorie der Internationalen Beziehungen, Baden-Baden
Kriesberg, Louis ³2007: Constructive Conflicts. From Escalation to Resolution, Lanham/ Oxford
Kriesberg, Louis ²1982: Social Conflicts, Englewood Cliffs, N.J.
Krippendorff, Ekkehart ²1970: Friedensforschung, Köln/ Berlin
Krippendorff, Ekkehart 1985: Staat und Krieg. Die historische Logik politischer Unvernunft. Frankfurt/M.
Kronfeld-Goharani, Ulrike (Hg.) 2005: Friedensbedrohung Terrorismus. Ursachen, Folgen und Gegenstrategien, Münster
Küng, Hans 1990: Projekt Weltethos, München/ Zürich
Küng, Hans/ Senghaas, Dieter (Hg.) 2003: Friedenspolitik. Ethische Grundlagen internationaler Beziehungen, Zürich
Kurtz, Lester (Hg.) 1999: Encyclopedia of violence, peace, and conflict, 3 Bde, San Diego
Larson, Jeffrey A. (Hg.) 2002: Arms Control. Cooperative Security in a Changing Environment, Boulder/ London
Lederach, John Paul 1997: Building Peace. Sustainable Reconstruction in Divided Societies, Washington
Lider, Julian 1983: Der Krieg. Deutungen und Doktrinen in Ost und West, Frankfurt/ New York
Lutz-Bachmann, Matthias/ Bohman, James (Hg.) 2002: Weltstaat oder Staatenwelt? Für und wider die Idee einer Weltrepublik, Frankfurt
MacQueen, Norrie 2006: Peacekeeping and the International System, London/New York
Martinetz, Dieter 1995: Vom Giftpfeil zum Chemiewaffenverbot. Zur Geschichte der chemischen Kampfmittel, Thun/Frankfurt
Matthies, Volker (Hg.) 1997: Der gelungene Frieden. Beispiele und Bedingungen erfolgreicher friedlicher Konfliktbearbeitung, Bonn
Mead, Margaret 1965: Leben in der Südsee. Jugend und Sexualität in primitiven Gesellschaften, München

Mead, Margaret 1966: Coming of Age in Samoa, Middlesex

Menzel, Ulrich 2001: Zwischen Idealismus und Realismus: die Lehre von den Internationalen Beziehungen, Frankfurt/M.

Meyer, Berthold 2011: Konfliktregelung und Friedensstrategien. Eine Einführung, Opladen

Meyers, Reinhard 1981: Die Lehre von den Internationalen Beziehungen. Ein entwicklungsgeschichtlicher Überblick, Königstein/ Düsseldorf

Meyers, Reinhard 1994: Begriff und Probleme des Friedens, Opladen

Milgram, Stanley 1974: Das Milgram-Experiment. Zur Gehorsamsbereitschaft gegenüber Autorität, Reinbek

Mitscherlich, Alexander 1969: Die Idee des Friedens und menschliche Aggressivität, Frankfurt/M.

Moltmann, Bernhard (Hg.) 1988: Perspektiven der Friedensforschung, Baden-Baden

Morgenthau, Hans J. 1963: Macht und Frieden. Grundlegung einer Theorie der internationalen Politik, Gütersloh (Politics among Nations, 1948)

Müller, Barbara u.a. 2006: Zur Aktualität von Sozialer Verteidigung, Osnabrück

Müller, Harald/ Schörnig, Niklas 2006: Rüstungsdynamik und Rüstungskontrolle. Eine exemplarische Einführung in die Internationalen Beziehungen

Müller, Harald 2010: Der nukleare Nichtverbreitungsvertrag nach der Überprüfung, in HSFK-Report Nr. 3, Frankfurt a. M.

Münkler, Herfried 2002: Die neuen Kriege, Reinbek

Münkler, Herfried ³2004: Über den Krieg. Stationen der Kriegsgeschichte im Spiegel ihrer theoretischen Reflexion, Weilerswist

Nehring, Holger 2006: Diverging perceptions of security: NATO and the protests against nuclear weapons', in: Wenger, Andreas u.a. (Hg.): Transforming NATO in the Cold War: Challenges beyond Deterrence in the 1960s, London

Neuneck, Götz/ Mutz, Reinhard (Hg.) 2000: Vorbeugende Rüstungskontrolle, Baden-Baden

Neuneck, Götz/ Schaaf, Michael (Hg.) 2007: Zur Geschichte der Pugwash-Bewegung in Deutschland, xxx

Nicklas, Hans 2005: Erziehung zur Friedensfähigkeit, in: Imbusch, Peter/ Zoll, Ralf (Hg.) ²2005: Friedens- und Konfliktforschung. Eine Einführung, Wiesbaden, S. 541-559

Nitz, Stephan 2010: Theorien des Friedens und des Krieges. Kommentierte Bibliographie zur Theoriegeschichte. Band I: Altertum bis 1830, Baden-Baden

Nolting, Hans-Peter 2005: Lernfall Aggression, Reinbek

Otterbein, Keith F. 2004: How war began, College Station/ Texas

Paffenholz, Thania (Hg.) 2010: Civil Society and Peacebuilding. A Critical Assessment, Boulder

Parchami, Ali 2009: Hegemonic Peace and Empire. The Pax Romana, Britannica and Americana, London/ New York

Patomäki, Heikki 2001: The Challenge of Critical Theories. Peace Re-search at the Start of the New Century, in: Journal of Peace Research 38 (6), S. 723-737

Paul, Andreas 1998: Von Affen und Menschen. Verhaltensbiologie der Primaten, Darmstadt

Pfetsch, Frank R./ Billing, Peter 1994: Datenbuch nationaler und internationaler Konflikte, Baden-Baden

Pilz, Gunter/ Moesch, Hugo 1975: Der Mensch und die Graugans. Eine Kritik an Konrad Lorenz, Frankfurt a. M.

Raumer, Kurt von (1953) Ewiger Friede. Friedensrufe und Friedenspläne seit der Renaissance, Freiburg

Richardson, Lewis F. 1960: Statistics of deadly quarrels. Pacific Grove

Rigby, Andrew 2001: Justice and Reconciliation. After the Violence, Boulder

Rittberger, Volker (Hg.) 1990: Theorien der Internationalen Beziehungen, Opladen

Rittberger, Volker/ Zangl, Bernhard ³2005: Internationale Organisationen. Politik und Geschichte, Wiesbaden

Ropers, Norbert ²2007: Friedliche Einmischung. Strukturen, Prozesse und Strategien zur konstruktiven Bearbeitung ethnopolitischer Konflikte, Berlin

Rotberg, Robert I. (Hg.) 2003: State Failure and State Weakness in a Time of Terror, Washington

Rothermund, Dietmar ²1997: Mahatma Gandhi. Eine politische Biographie, München

Royen, Christoph 1978: Die sowjetische Koexistenzpolitik gegenüber Westeuropa, Baden-Baden

Rummel, Rudolph J. 2003: Demozid – Der befohlene Tod, Münster

Sahm, Astrid/ Sapper, Manfred/ Weichsel, Volker (Hg.) ²2006: Die Zukunft des Friedens. Eine Bilanz der Friedens- und Konfliktforschung, Wiesbaden

Salomon, G./ Nevo, B. (Hg.) 2002: Peace Education. The Concepts, Principles and Practices Around the World, London

Sander, W. 2005: Friedenserziehung, in: ders. (Hg.): Handbuch politische Bildung, Schwalbach, S. 442-455

Sandole, Dennis J. D. 2010: Peacebuilding. Preventing Violent Conflict in a Complex World, Cambridge/Malden MA

Sauer, Frank 2007: Nuklearterrorismus – Akute Bedrohung oder politisches Schreckgespenst?, in: HSFK-Report Nr. 2, Frankfurt a. M.

Schäfer, Achim Th. 2002: Bioterrorismus und biologische Waffen, Berlin

Scheuerman, William E. 2009: Hans Morgenthau. Realism and Beyond, Cambridge

Schieder, Siegfried/ Spindler, Manuela (Hg.) ²2006: Theorien der Internationalen Beziehungen, Opladen

Schlotter, Peter/ Wisotzki, Simone (Hg.) 2011: Friedens- und Konfliktforschung, Baden-Baden

Schmeiser, Leonhard 2000: Vom Frieden. Texte aus drei Jahrtausenden europäischer Geistesgeschichte, Münster

Schneckener, Ulrich 1996: Das Recht auf Selbstbestimmung. Ethnonationale Konflikte und internationale Politik, Hamburg 1996

Schreiber, Wolfgang (Hg.) 2010: Das Kriegsgeschehen 2008. Daten und Tendenzen der Kriege und bewaffneten Konflikte, Wiesbaden

Schubert, Ulf-Manuel 2005: Staatszerfall als Problem des internationalen Systems, Marburg

Schwarzer, Gudrun 1995: Friedliche Konfliktregulierung. Saarland, Österreich, Berlin, Tübingen

Seitz, Klaus 2002: Bildung in der Weltgesellschaft. Gesellschaftstheoretische Grundlagen Globalen Lernens, Frankfurt

Senghaas, Dieter ²1972: Aggressivität und kollektive Gewalt, Stuttgart

Senghaas, Dieter ³1981: Abschreckung und Frieden. Studien zur Kritik organisierter Friedlosigkeit, Frankfurt

Senghaas, Dieter ⁶1981:Kritische Friedensforschung, Frankfurt/M.

Senghaas, Dieter ²1982: Rüstung und Militarismus, Frankfurt/M.

Senghaas, Dieter (Hg.) ⁷1987: Imperialismus und strukturelle Gewalt, Frankfurt/M.

Senghaas, Dieter (Hg.) 1995: Den Frieden denken: Si vis pacem, para pacem, Frankfurt/M.

Senghaas, Dieter 1996: Frieden durch Zivilisation? Probleme, Ansätze, Perspektiven, Münster

Senghaas, Dieter (Hg.) 1997: Frieden machen, Frankfurt/M.

Sharp, Gene 1973: The Politics of Nonviolent Action, 3 Bde, Boston

Singer, J. David/ Diehl, Paul (Hg.). 1990: Measuring the Correlates of War. Ann Arbor

SIPRI Yearbook 2010: Armaments, Disarmament and International Security, Oxford

Small, Melvin/ Singer, J. David: Resort to Arms. International and Civil Wars 1816-1980, Beverly Hills – London 1982

Steinweg, Reiner (Red.) 1980: Der gerechte Krieg: Christentum, Islam, Marxismus, Frankfurt/M.

Tadjbakhsh, Shahrbanou/ Chenoy, Anuradha M. 2006: Human Security: Concepts and Implications , London

Unser, Günther ⁷2004: Die UNO. Aufgaben, Strukturen, Politik, München
Vogel, Dieter 1989: Vom Töten zum Mord. Das wirkliche Böse in der Evolutionsgeschichte, München
Volger, Helmut (Hg.) 2007: Grundlagen und Strukturen der Vereinten Nationen, München/Wien
Volger, Helmut ²2008: Geschichte der Vereinten Nationen, München/ Wien
Volmerg, Ute 1977: Gesellschaftliche Verhältnisse und individuelles Verhalten in der Aggressionsforschung, in: Steinweg, Reiner (Red.): Schwerpunkt Aggression, Frankfurt, S. 17-84
Waal, Frans B. M. de 1997 : Der gute Affe. Der Ursprung von Recht und Unrecht bei Menschen und anderen Tieren, München
Wadle, Elmar (Hg.) 2002: Landfrieden – Anspruch und Wirklichkeit, Paderborn
Walzer, Michael 1977: Just and Unjust Wars, New York
Waltz, Kenneth N. 2001: Man, the State and the War. A Theoretical Analysis, New York
Waltz, Kenneth N. 1979: Theory of International Politics, Reading, MA/ London
Wasmuht, Ulrike 1998: Geschichte der deutschen Friedensforschung. Entwicklung – Selbstverständnis – Politischer Kontext, Münster
Webel, Charles/ Galtung, Johan 2007: Handbook of Peace and Conflict Studies, London/New York
Weller, Christoph 2001: Feindbilder. Ansätze und Probleme ihrer Erforschung (Arbeitspapiere des Instituts für Interkulturelle und Internationel Studien), Bremen
Wengst, Klaus 1986: Pax Romana. Anspruch und Wirklichkeit. Erfahrungen und Wahrnehmungen des Friedens bei Jesus und im Urchristentum, München
Wette, Wolfram 1971: Kriegstheorien deutscher Sozialisten, Stuttgart
Wintersteiner, Werner/ Spajic-Vrkas, V./ Teutsch, R. (Hg.) 2003: Peace Education in Europe. Visions and Experience, Münster u. a.
Wobbe, Theresa 2000: Weltgesellschaft, Bielefeld
Wrangham, R. W./ Peterson, D. 1996: Demonic Males. Apes and the Origins of Human Violence, New York
Wulf, Christoph (Hg.) 1973: Kritische Friedenserziehung, Frankfurt a. M.
Young, Nigel (Hg.) 2010: The Oxford International Encyclopedia of Peace, 4 Bde., Oxford
Zangl, Bernhard/ Zürn, Michael 2003: Frieden und Krieg, Frankfurt a. M.

7 Ausgewählte kommentierte Literaturempfehlungen

Senghaas, Dieter ⁶1981: Kritische Friedensforschung, Frankfurt/M.

Imbusch, Peter/ Zoll, Ralf (Hg.) ⁵2010: Friedens- und Konfliktforschung. Eine Einführung, Wiesbaden

> Die beiden Sammelbände vereinigen grundlegende Aufsätze zu mehreren Denkansätzen in der Friedens- und Konfliktforschung. Der von Dieter Senghaas herausgegebene Band erschien erstmals 1971 und vereinigt skandinavische, US-amerikanische und deutsche Beiträge zu einer gesellschaftskritischen Friedensforschung, die wegen ihrer grundlegenden Fragestellungen und Hypothesen auch noch für das Studium in der Gegenwart von Nutzen sind. Der bereits in 5. Auflage erschienene Band von Imbusch/Zoll hingegen vereinigt nur Aufsätze von deutschsprachigen Autoren. Er ist allerdings systematisch gegliedert in Grundlagen (Geschichte der Friedensforschung, zentrale Begriffe, Studienmöglichkeiten), in einige recht willkürlich ausgewählte Analysen von Konflikten in mehreren Ländern und Regionen, in gesellschaftliche Konfliktkonstellationen und in Umgangsweisen mit Konflikten (Ethik, Erziehung, Militärinterventionen).

Sahm, Astrid/ Sapper, Manfred/ Weichsel, Volker: Die Zukunft des Friedens, Band 1, Eine Bilanz der Friedens- und Konfliktforschung, Wiesbaden

Jahn, Egbert/Fischer, Sabine/Sahm, Astrid 2005: Die Zukunft des Friedens, Band 2, Sichtweisen der jüngeren Generationen der Friedens- und Konfliktforschung, Wiesbaden: Verlag für Sozialwissenschaften

Schlotter, Peter/ Wisotzki, Simone (Hg.) 2011: Friedens- und Konfliktforschung, Baden-Baden

> Von Zeit zu Zeit ist eine Reflexion in der Friedens- und Konfliktforschung über ihre Grundbegriffe und Kernthemen erforderlich. Die

drei angeführten Bände gehören zu den jüngsten Unternehmungen dieser Art, mit einer Beschränkung auf deutschsprachige Autoren. Im Band von Sahm/Sapper/Weichsel kommen ausschließlich Autoren der zweiten Generation der Friedensforscher (etwa 1934-1944) zu Wort, während in den Bänden von Jahn/Fischer/Sahm und Schlotter/ Wisotzki Aufsätze von jüngeren Wissenschaftlern veröffentlicht werden. Beim Vergleich der Bände werden deutlich generationsspezifische Denkweisen erkennbar, z. B. ein weitaus pragmatischerer Umgang mit Gewaltverhältnissen und ein distanzierteres Verhältnis zu gesellschaftstheoretischen Prämissen.

Galtung, Johan 1975: Strukturelle Gewalt: Beiträge zur Friedens- und Konfliktforschung, Reinbek

Mit dem unter dem Einfluss der internationalen Studentenbewegung und der Kritik am US-amerikanischen Vietnamkrieg entstandenen Aufsatz von 1969 „Gewalt, Frieden und Friedensforschung" und zahlreichen weiteren Beiträgen hat der Gründer des Osloer Friedensforschungsinstituts einen Paradigmen- und auch intellektuellen Generationswechsel in der internationalen Friedens- und Konfliktforschung eingeleitet, mit dem die Fixierung auf den zwischenstaatlichen Krieg überwunden und der gesellschaftskritischen Auseinandersetzung mit Gewaltverhältnissen in und zwischen den Staaten ein Tor geöffnet wurde, auch wenn später vielenorts wieder eine Konzentration der Friedens- und Konfliktforschung auf das Kernthema Krieg (nunmehr einschließlich Bürgerkrieg) und Kriegsverhütung sowie ihre gesellschaftspolitischen Voraussetzungen stattfand. Galtung selbst hat nach den in diesem Bändchen versammelten Aufsätzen seinen Gewaltbegriff um den der kulturellen Gewalt erweitert.

Senghaas, Dieter ³1981: Abschreckung und Frieden. Studien zur Kritik organisierter Friedlosigkeit, Frankfurt

Die erstmals 1969 erschienenen Studien wurden zum deutschen Standardwerk der Kritik am internationalen Abschreckungssystem als einem Kernelement der Friedensforschung der 1970er Jahre, die schrittweise auch in der öffentlichen politischen Debatte Resonanz fand. Auch wenn seine Präferenz für Innenleitungstheoreme später relativiert wurde, so bleibt das Werk in seinen methodologischen und theoretischen Grundaussagen noch in der Gegenwart gültig.

Müller, Harald/ Schörnig, Niklas 2006: Rüstungsdynamik und Rüstungskontrolle. Eine exemplarische Einführung in die Internationalen Beziehungen

> Das Buch bietet eine didaktisch überzeugend aufgebaute Übersicht über Theorien der Rüstungsdynamik und der Rüstungskontrolle, die im Kontext der allgemeinen Theorien der internationalen Beziehungen gesehen werden. Es behandelt außerdem knapp die ältere geschichtliche Entwicklung der Rüstung und der Rüstungskontrolle und arbeitet ausführlich die Charakteristika des Rüstungsgeschehens in der Ära des polarisierten Ost-West-Konflikts und die durchaus ambivalente Entwicklung der Zeit danach heraus, mit einem Schwerpunkt auf der Entwicklung in der Nordhemisphäre.

Czempiel, Ernst-Otto ²1998: Friedensstrategien. Eine systematische Darstellung außenpolitischer Theorien von Machiavelli bis Madariaga, Opladen

> Czempiel begreift Frieden als ein Prozessmuster der internationalen Beziehungen und als eine Aufgabe der Außenpolitik. Seine Schrift erörtert systematisch den Friedensbegriff in seiner historischen Entwicklung bei einflussreichen politischen Denkern sowie die diversen Vorschläge zu seiner Durchsetzung durch Völkerrecht, internationale Organisation und durch eine Änderung gesellschaftlicher Strukturen. Innerstaatliche Demokratie und soziale Verteilungsgerechtigkeit sind für Czempiel unerlässliche Voraussetzungen für dauerhaften Frieden im internationalen System.

Wright, Quincy ²1965: A Study of War, Chicago/ London

> Dieses im Wesentlichen bereits vor dem Zweiten Weltkrieg entstandene Werk ist zwar in vielen Einzelheiten durch neuere Forschungen überholt, stellt aber immer noch die umfassendste, integriert-interdisziplinäre Studie zum Krieg in all seinen Facetten dar. Es hat eine Präferenz für einen rechtlichen Kriegsbegriff, der aus sozialwissenschaftlicher Sicht in mancher Hinsicht überholt ist, der viele Phänomene des Bürgerkriegs, des Putsches und des Terrorismus nicht adäquat fassen kann. Für eine historische und zugleich systematische Gesamtsicht des Kriegs aus dem Blickwinkel einer Vielzahl von Fachdisziplinen bleibt dieses Werk ein seither unerreichtes Vorbild.

8 Zeitschriften und Jahrbücher

Alternatives: global, local, political

Dialog. Beiträge zur Friedensforschung

Die Friedenswarte

Friedensanalysen (bis 1996)

Friedensgutachten (gemeinsames Jahrbuch von fünf deutschen Friedensforschungsinstituten)

Gewaltfreie Aktion

Human Security Journal

International journal of peace studies

Journal of conflict resolution

Journal of peace research

OSZE-Jahrbuch

Security dialogue (Früher unter dem Titel: Bulletin of peace proposals)

SIPRI Yearbook. Armaments, Disarmament and International Security, Stockholm

S+F : Vierteljahresschrift für Sicherheit und Frieden

World policy journal

International Organization

Schriftenreihe der Arbeitsgemeinschaft für Friedens- und Konfliktforschung

Vereinte Nationen

9 Internetadressen

Arbeitsbereich Internationale Beziehungen/ Friedens- und Konfliktforschung an der Universität Tübingen
http://www.wiso.uni-tuebingen.de/faecher/ifp

Berghof-Stiftung für Konfliktforschung GmbH
http://www.berghof-conflictresearch.org

Bonn International Center for Conversion (BICC)
http://www.bicc.de

Deutsche Stiftung Friedensforschung (DSF) in Osnabrück
http://www.bundesstiftung-friedensforschung.de

Forschungsschwerpunkt Konflikt- und Kooperationsstrukturen in Osteuropa (FKKS) an der Universität Mannheim
http://fkks.uni-mannheim.de

Forschungsstätte der Evangelischen Studiengemeinschaft (FEST) in Heidelberg
http://www.fest-heidelberg.de

Hessische Stiftung Friedens- und Konfliktforschung (HSFK) in Frankfurt a.M.
http://www.hsfk.de

Institut für Entwicklung und Frieden (INEF) in Duisburg
http://inef.uni-due.de

Institut Frieden und Demokratie der Fernuniversität Hagen
http://www.fernuni-hagen.de/FRIEDEN

Institut für Friedensforschung und Sicherheitspolitik an der Universität Hamburg
http://www.ifsh.de

Institut für Friedenspädagogik Tübingen (IFT)
http://www.friedenspaedagogik.de

Institute for Peace Science Hiroshima University (IPSHU)
http://home.hiroshima-u.ac.jp/heiwa/ipshue.html

Österreichisches Studienzentrum für Frieden und Konfliktlösung (ÖSFK)
http://www.aspr.ac.at

Peace Research Institute Dundas/ Kanada
http://www.acp-cpa.ca

Peace Research Institute Oslo (PRIO)
http://www.prio.no

Schweizerische Friedensstiftung in Bern (Swisspeace)
http://www.swisspeace.ch

Stockholm International Peace Research Institute (SIPRI) in Stockholm
http://www.sipri.org

Tampere Peace Research Institute (TAPRI) in Finnland
http://www.uta.fi/laitokset/yti/english/tapri

Transcend Peace University
http://www.transcend.org/tpu

United States Institute of Peace
http://www.usip.org

Zentrum für Konfliktforschung (ZfK) an der Universität Marburg
https://www.uni-marburg.de/konfliktforschung

Neu im Programm Politikwissenschaft

Blanke, Bernhard / Nullmeier, Frank / Reichard, Christoph / Wewer, Göttrik (Hrsg.)
Handbuch zur Verwaltungsreform
4., akt. u. erg. Aufl. 2011. XXI, 616 S. Br.
EUR 49,95
ISBN 978-3-531-17546-1

Das Handbuch liefert einen Beitrag zur Einordnung unterschiedlicher Konzepte und Orientierung für die Umsetzung der Verwaltungsreform. In 66 Beiträgen werden vielfältige Ansätze der Verwaltungsreform vorgestellt, ihr Entstehungszusammenhang erläutert, praktische Anwendungsfelder beschrieben und Entwicklungsperspektiven untersucht. Die Beiträge stammen von renommierten WissenschaftlerInnen und erfahrenen PraktikerInnen. Themenblöcke: Staat und Verwaltung, Reform- und Managementkonzepte, Steuerung und Organisation, Personal, Finanzen, Ergebnisse und Wirkungen, Erfahrungen und Perspektiven.

Boeckh, Jürgen / Huster, Ernst-Ulrich / Benz, Benjamin
Sozialpolitik in Deutschland
Eine systematische Einführung
3., grundl. überarb. u. erw. Aufl. 2011.
491 S. Br. EUR 22,95
ISBN 978-3-531-16669-8

Der Band führt systematisch in das breite Spektrum von Geschichte, Strukturen, Problemlagen, Lösungswegen und die europäischen Zusammenhänge von Sozialpolitik in Deutschland sowie in die Theorie des Sozialstaates ein. Der besseren Verständlichkeit dienen ausführliche geschichtliche Dokumente und aktuelle Daten zur sozialen Entwicklung bzw. zur Sozialpolitik. Gibt es Grenzen des Sozialstaates? Diesen sucht sich der Band im geschichtlichen Rückgriff auf die Weimarer Republik systematisch und sozialräumlich zu nähern.

Dingwerth, Klaus / Blauberger, Michael / Schneider, Christian
Postnationale Demokratie
Eine Einführung am Beispiel von EU, WTO und UNO
2011. 236 S. (Grundwissen Politik) Br.
EUR 24,95
ISBN 978-3-531-17490-7

Internationale Organisationen stehen im Zentrum der Diskussion über das „Demokratiedefizit" internationaler Politik. Während politische Entscheidungen zunehmend auf internationaler Ebene getroffen werden, zweifeln Kritiker immer wieder an der Legitimation dieser Entscheidungen. Das Buch führt ein in die Diskussion über demokratisches Regieren „jenseits des Staates", es stellt die Funktionsweise von EU, WTO und UNO vor und diskutiert, inwieweit das Regieren in diesen Organisationen demokratischen Grundsätzen genügt bzw. wie sich Demokratiedefizite beheben lassen.

Erhältlich im Buchhandel oder beim Verlag.
Änderungen vorbehalten. Stand: Juli 2011.

www.vs-verlag.de

VS VERLAG

Abraham-Lincoln-Straße 46
65189 Wiesbaden
tel +49 (0)6221.345 - 4301
fax +49 (0)6221.345 - 4229

Elemente der Politik

Hrsg. von Bernhard Frevel / Klaus Schubert / Suzanne S. Schüttemeyer / Hans-Georg Ehrhart

Blum, Sonja / Schubert, Klaus
Politikfeldanalyse
2., akt. Aufl. 2011. 198 S. Br. EUR 16,95
ISBN 978-3-531-17276-7

Dehling, Jochen / Schubert, Klaus
Ökonomische Theorien der Politik
2011. 178 S. Br. EUR 16,95
ISBN 978-3-531-17113-5

Dobner, Petra
Neue Soziale Frage und Sozialpolitik
2007. 158 S. Br. EUR 12,90
ISBN 978-3-531-15241-7

Frantz, Christiane / Martens, Kerstin
Nichtregierungsorganisationen (NGOs)
2006. 159 S. Br. EUR 14,90
ISBN 978-3-531-15191-5

Frevel, Bernhard
Demokratie
Entwicklung – Gestaltung – Problematisierung
2., überarb. Aufl. 2009. 177 S. Br. EUR 12,90
ISBN 978-3-531-16402-1

Fuchs, Max
Kulturpolitik
2007. 133 S. Br. EUR 14,90
ISBN 978-3-531-15448-0

Jahn, Detlef
Vergleichende Politikwissenschaft
2011. 124 S. Br. EUR 12,95
ISBN 978-3-531-15209-7

Jaschke, Hans-Gerd
Politischer Extremismus
2006. 147 S. Br. EUR 14,95
ISBN 978-3-531-14747-5

Johannsen, Margret
Der Nahost-Konflikt
2., akt. Aufl. 2009. 167 S. Br. EUR 16,95
ISBN 978-3-531-16690-2

Kevenhörster, Paul / Boom, Dirk van den
Entwicklungspolitik
2009. 112 S. Br. EUR 12,90
ISBN 978-3-531-15239-4

Kost, Andreas
Direkte Demokratie
2008. 116 S. Br. EUR 12,90
ISBN 978-3-531-15190-8

Meyer, Thomas
Sozialismus
2008. 153 S. Br. EUR 12,90
ISBN 978-3-531-15445-9

Schmitz, Sven-Uwe
Konservativismus
2009. 170 S. Br. EUR 16,90
ISBN 978-3-531-15303-2

Erhältlich im Buchhandel oder beim Verlag.
Änderungen vorbehalten. Stand: Juli 2011.

www.vs-verlag.de

Abraham-Lincoln-Straße 46
65189 Wiesbaden
tel +49 (0)6221. 345 - 4301
fax +49 (0)6221. 345 - 4229

MIX
Papier aus verantwortungsvollen Quellen
Paper from responsible sources
FSC® C105338

If you have any concerns about our products,
you can contact us on
ProductSafety@springernature.com

In case Publisher is established outside the EU,
the EU authorized representative is:
Springer Nature Customer Service Center GmbH
Europaplatz 3, 69115 Heidelberg, Germany

Printed by Libri Plureos GmbH
in Hamburg, Germany